ヤクザマネー

Yakuza
Money

NHK
「ヤクザマネー」
取材班

講談社

ヤクザマネー

目次

マンションの一室に設けられた「コクピット」。ここで連日３億円ものカネが取り引きされている

「会費」という名目でホストからカネを徴収する現場

パソコンを使って株取引をする暴力団員

第二章 80億円の男……55

ブラックエンジェル／ベンチャー企業の駆け込み寺／融資は3日以内／〝身体検査〟／社長の首をすげ替え／投資と融資／「カネに色はない」／魂を売りわたす経営者／「1億5000万、現金で」／アンダーグラウンド／「日本経済の潤滑油」

びっしりと札束の詰まったスーツケースを開け、カネを数える「80億円の男」

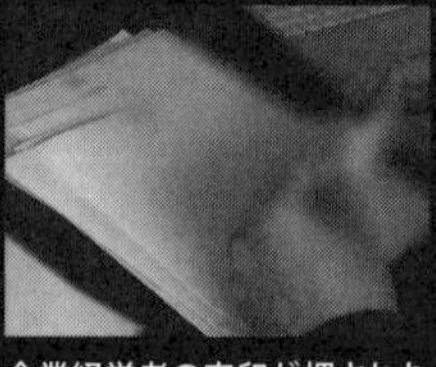

企業経営者の実印が押された「白紙委任状」。どんな文書でも自由に作成することができる

ベンチャー企業の経営者と密談する暴力団関係者

大量に発行され、闇の勢力によって食い物にされたゼクーの株券

倒産した居酒屋チェーン「ゼクー」のパンフレット

第四章 共生者たち……137

チャート／企業舎弟から一般人へ／もうひとりの男／ビジネスパートナー／秘密の場所／証券アレンジャー／役割分担／「速いカネ」／カネの匂い／法の抜け穴／海外口座／懲役に行く奴はアホ／役者が演じる「ダミー会社」／闇サイトで集めた実行部隊／必要悪

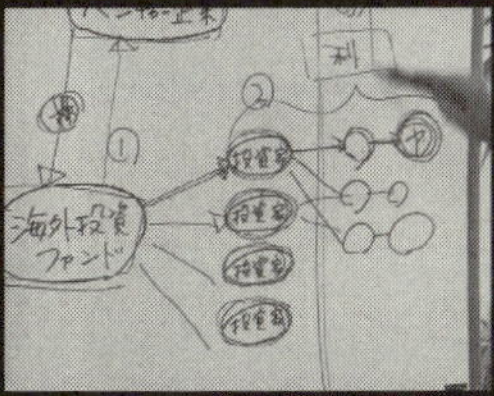

暴力団への資金ルートをカムフラージュするため、間に投資ファンドなどを挟むことを示した図

会員制のバーで、秘密情報を交換しあう

第五章

ヤクザいまだ滅びず……

葬儀の会場から姿を現した現役暴力団幹部

ヤクザ勢力地図の変化／拡大の一途／山口組の躍進／新たな資金源／ヤクザは事業を持て／山一抗争、企業舎弟／２人の大物／佐川事件の黒幕／暴力団の二極分化／ヤクザに弟子入りする若者

平成19年2月、幹部の葬儀のために集合した、山口組の幹部

都内にある違法カジノ摘発の瞬間。台の上に札束が乱舞する

怪しげな株価の動きを監視する証券取引等監視委員会のスタッフ

暴力団関係者と会い、情報交換する捜査員

番組制作スタッフ

NHKスペシャル

『ヤクザマネー～社会を蝕む闇の資金～』

（平成19年11月11日放送）

語り◎伊東敏恵

取材

◎

石山健吉　板倉弘政　木村真也

小林和樹　藤井孝充　渡邊和明　伊藤竜也

撮影◎宮本　淳

音声◎服部吉隆　井上徳補

映像技術◎金　侹希

編集◎猪瀬邦男

音響効果◎小野さおり

ディレクター◎横井秀信

制作統括◎中嶋太一　春原雄策

カバーデザイン／渡邊民人（TYPE FACE）
目次ページデザイン／高橋明香（TYPE FACE）

プロローグ

ヤクザマネーとは何か。それは証券市場やITベンチャー企業への投資や融資など、日本社会の表経済にも深く介入して膨張を続ける暴力団の闇の資金のことである。全国の暴力団が得る資金は、1年間だけで1兆円を超えるとされているが、その実態ははっきりとは分かっていない。

NHKスペシャル『ヤクザマネー～社会を蝕む闇の資金～』の取材班を結成したのは平成19年1月のことだった。ライブドア事件や村上ファンド事件の相次ぐ摘発によって、新興市場のITベンチャー企業を取りまくマネーゲームの実態が明らかになってきたことがきっかけとなった。

新興市場をめぐっては、これまでも問題が発覚するたびに、その背後にある暴力団の闇の資金の存在が噂されていた。しかし、暴力団は社会の奥底にじっと身を潜めているためか、その姿が明るみに出ることはなかった。そのころ、私がよく酒席をともにしていた警察幹部の言葉が思い出される。警察幹部は、こうつぶやいた。

「新興市場の問題では、ライブドア事件で東京地検特捜部に先を越されて悔しい思いをした。警察としては、市場の背後で巨額の資金を得ているとみられる暴力団を摘発したいが、どのようにかかわっているのか、その実態がいっこうにつかめないんだ」

この言葉が、ひとつの出発点になった。

〝警察の捜査も届いていない、誰も知らない暴力団の資金獲得現場〟

〝それを自分たちの取材で明らかにすることができないだろうか〟

記者、ディレクター、カメラマンらによって取材班を結成、闇のベールに包まれている現在進行形の暴力団の資金獲得現場に10ヵ月以上、潜入取材を続けた。ＮＨＫスペシャル『ヤクザマネー』は、その調査報道の記録である。

今回の取材班での、私の役回りは社会部のデスクとして記者からの取材の相談に乗ることだった。私自身、過去20年あまりの記者生活で、暴力団がかかわっている事件を何度か取材してきた。

政界や暴力団への巨額の資金提供が問題となった東京佐川急便事件。バブル経済の時代の住専＝住宅金融専門会社をめぐるさまざまな債権回収妨害事件。裏経済の仕切り役ともいわれた許永中受刑者をめぐる事件など、大がかりな経済事件の背後で、暴力団が暗躍したケースは枚挙に暇《いとま》がない。

最も衝撃を受けたのは、いわゆる皇民党事件だった。

昭和62年の竹下政権成立の前、右翼団体が国会周辺で行っていた「ほめ殺し」と呼ばれる不可解な街頭宣伝活動。それを抑えるよう、金丸信元自民党副総裁から頼まれて当時の東京佐川急便の渡辺広康社長が暴力団・稲川会の石井隆匡（本名・石井進）元会長に依頼していた。この事件では、政界と企業、そして暴力団の密接な結びつきに心底驚かされた。このときの稲川会の石井元会長は、東急電鉄株買い占めでも知られ、平成9年に射殺された山口組の最高幹部、宅見勝元組長とともに、警察がいまの経済ヤクザのスタイルをつくったとみている人物である。

これまでに取材した暴力団員にもいろいろなタイプがあった。

一見企業経営者にしか見えないスマートな人物。

強圧的な態度で迫る組員。

こうした筋からの情報をもとに、経済事件の取材を進めたことも一度や二度ではない。

暴力団取材のなかでも、とくに難しいのが資金源を聞き出すことだ。暴力団員にとって、資金源、いわゆる「シノギ」の中身を詳しく話すことはタブーだ。暴力団であることを隠して経済活動を行っているケースがほとんどであり、警察に見つかれば摘発される危険も多分にある。

それに一口に資金源といってもさまざまである。

繁華街の飲食店や風俗店などの利権、賭博、覚醒剤の密売、公共工事の入札をめぐる談合、それからヤミ金融や振り込め詐欺……。

暴力団は時代の流れにあわせて、資金源を巧みに変化させてきた。

その行き着いた先が、今回、取材班が注目した証券市場やITベンチャー企業への投資や融資だ。取材班は、暴力団の最先端の「シノギ」の取材に挑戦したのである。

プロジェクトルーム665——東京・渋谷のNHK放送センター東館の6階に取材班の拠点を設け、そこに、社会部の記者たちや社会番組部のディレクター、映像取材部のカメラマンらが詰めた。棚には、暴力団と関係する企業の内部書類や株価の変動の資料などが堆《うずたか》く積み上げられていった。

取材班は、警視庁や国税担当として経済事件や暴力団の取材経験を積んできた事件記者たちである。取材力に定評があるディレクターやカメラマンらとともに、それぞれが得意とする手法で、私が取材していた当時よりも確実に深く暴力団の世界へと入っていった。

ある記者は、東京・銀座や六本木など夜の街を駆けめぐり、さまざまなルートを辿りながら株取引を「シノギ」にしている暴力団に直接、接触を図った。

ある記者やディレクターは、警察も事件化を見送った難解な架空増資の実態を解明しようと、身を隠している関係者を一人ひとり捜し出していった。またある記者は、暴力団の資金獲得活動に手を貸すようになった元証券マンから海外ファンドを使った新手の株取引の手口を詳細に聞き出した。なかには暴力団どうしの抗争事件の渦中にいる大物経済ヤクザを追いかけつづけた記者もいる。

そして、彼らは暴力団の資金獲得現場に辿り着いた。

ある都市のマンションの一室にある秘密のディーリングルーム。何台ものディスプレイが並べられ、暴力団の資金3億円が運用されていた。

80億円の資金をもとに、ITベンチャー企業への投資や融資を行う男にも密着取材した。この男も、もちろん暴力団組織の一員だ。さらに、その資金に頼っているITベンチャー企業の社長にもインタビュー取材を行った。

「反社会的なものだと分かっていても、運転資金が欲しいという気持ちがどうしても先に立ってしまった」

ITベンチャー企業経営者は、その心情を吐露した。

実はNHKでは、過去にも暴力団を取材した大型のドキュメンタリー番組を放送している。

昭和59年8月のNHK特集『山口組〜知られざる組織の内幕〜』、そして、平成9年4月のNHKスペシャル『闇の暴力　企業舎弟』などである。『山口組〜知られざる組織の内幕〜』は、日本で最大の暴力団・山口組の分裂の内情を鮮烈に描いた番組だった。『闇の暴力　企業舎弟』はバブル崩壊後の不良債権処理に暗躍する暴力団の経済活動の実態に迫った。

それから10年あまり。今回『ヤクザマネー』の取材によって、暴力団はその資金源をさらに大きく変化させていたことが分かってきた。

暴力団は、証券市場やITベンチャー企業への投資や融資などを新たな資金源とし、いわば合法的な手段によって、闇の資金を膨張させていた。同時に犯罪とは関係がない資金のように見せかけるマネーロンダリングも行っていた。

証券市場に進出していたのは、一部の資金力がある暴力団だけではない。殺人罪で服役したことがあるヤクザや、繁華街のいわゆる「みかじめ料」で食いつないできた組員までもが株取引に手を出していた。

ある暴力団員は言う。

「もちろん義理人情は大切だが、いまや暴力団の世界もカネ次第の時代だ。山口組への一極集中が進み、組織が巨大化するなかで、資金力がなければ、暴力団の世界をはい上がっていくことはできなくなっているんだ」

そしてもうひとつ、この10年間に起きていた大きな変化があった。それは暴力団の資金獲得に手を貸す新たな集団の存在である。「暴力団と共生する者」＝「共生者」。その正体は、元証券マンや元銀行員、そして公認会計士、金融ブローカーなど。証券会社や銀行などの金融破綻が相次ぐなかで、職を失ったり、独立したりしたプロたちである。

バブルのころに暗躍した「企業舎弟」は、暴力団員が形式上、破門されたように装って、一般企業として経済活動を行っていた。いわば「クロ」が「グレー」になって活動していたのだ。これに対し、「共生者」は、暴力団とは関係のない、いわば「シロ」が「グレー」になって活動するものだ。「共生者」の暗躍によって、暴力団の資金がますます不透明化していた。

取材が進むにつれて、プロジェクトルーム６６５では、番組全体を取り仕切るチーフ・プロデューサーを中心に、議論が熱を帯びていった。

資金の流れや暴力団の関与を解明するための話し合いが、深夜まで及ぶことも珍しくなかった。そのなかでも多くの時間を割いて話し合ったのは、『ヤクザマネー』という番組を通じて、社会に何を訴えるのか、ということだ。

その答えは取材がさらに深まることで、おのずと明らかになっていった。

ヤクザマネー膨張の背景にあるのは、新興市場を推進した国の規制緩和政策である。上場基準が大幅に緩和されたことによって、新しいベンチャーの上場企業が次々に誕生し、それらの値動きの激しい株を狙ってヤクザマネーが市場に流入していた。

新興市場で上場したものの、資金が枯渇したベンチャー企業が頼っていたのも、やはりヤクザマネーだった。市場原理を最優先する国の規制緩和政策が、闇の資金の膨張を許しているという構図が浮かび上がってきたのである。

このことについて私は、知り合いの捜査幹部からもこうアドバイスを受けていた。

「業績が確かでない企業が次々に上場し、マネーゲームの道具にされている背景には、バブル経済崩壊後、流動性が悪くなった資金をもう一度市場に集めて活性化させようという国の政策があった。株やM&A（企業の合併・買収）に走るベンチャー企業のスキームがいま闇勢力にいいように悪用されている」

捜査幹部は、メディアがそれを追及すべきだと話していた。

そしてもうひとつ、『ヤクザマネー』の取材から浮かび上がってきたことがある。

そのことを、取材班のある記者から教えられた。

「この取材のテーマは『欲』ですよ。人間誰にでも『欲』はある。しかし、いまのマネーゲームは異常です。日本社会に蔓延した『欲』にまみれた拝金主義が、暴力団の存在を許しているんですよ」

暴力団の「欲」、そして暴力団の資金獲得に手を貸す元証券マンら「共生者」の「欲」、ヤクザマネーに群がるＩＴベンチャー企業経営者の「欲」――。

そして新興市場で値動きの激しい株を売買する一般のデイトレーダーたちも、欲に衝き動かされた人たちと言えるのではないか。

そこには利益優先主義が骨の髄まで染み込んでしまった私たち自身の姿が投影されているように思えた。


番組では残念ながら、取材対象者が特定されると命にも危険が及ぶ恐れがあるため、取材相手の顔を出せない場面が多かった。しかし今回、取材班が接触・取材したのは、まさにいま、ヤクザマネーを動かしている最先端の男たちである。

この本は、取材班の記者とディレクターが、取材ノートを1ページ1ページ読み返し、番組では放送できなかった部分を含め、ヤクザマネー取材の「すべて」を書きつづった記録である。

中嶋太一（ＮＨＫ報道局社会部副部長）

第一章　株で儲けるヤクザたち

突破口

東京・銀座の日本料理店。

その男とはじめて会うことになったのは、平成19年8月の蒸し暑い夜のことだった。

暴力団、とりわけ資金力のある経済ヤクザを追い求める取材を始めて、すでに半年あまりが経過していた。狙いは、暴力団員が「シノギ」と表現する、資金獲得活動の現場への潜入取材、密着取材である。

この半年間、複数の暴力団への取材や交渉を進めていたが、思うようにはかどっていなかった。一口に取材といっても、テレビドキュメンタリーの場合は、テレビカメラを入れての撮影を伴う。記者との面談取材には応じていた組員も、いざ撮影となると、あっさり断られるケースがほとんどだった。

激しく拒否されたこともあった。

「お前、頭がおかしいのか。何の得があって、お前の取材に応じなきゃいけねえんだ」

暴力団員には会うことまではできても、撮影となると断られるという経験を重ねていたために、その男とアポイントが取れたあとも、その後の取材の先行きを楽観することはできなかった。〝おそらく厳しい結果になるんだろう〟というのが本音だった。

あまり期待を持たずに、銀座に足を運んだ。

男との約束の時間は、午後7時。仲介してくれたのは、かつて永らく暴力団捜査を担当していた元刑事だが、この日は同席していない。元刑事によると、その男は、「自分が知るなかで、最も経済に強い暴力団員」だという。

約束の時間の10分ほど前から、日本料理店の個室で待った。

男は時間ちょうどに姿を現した。

「お待たせしました」

人目を引く大きな体。ダブルのダークスーツに、ストライプのワイシャツ。シャツの第一ボタンまできちんととめて、やや派手目の柄物のネクタイを結んでいた。第一印象は、中小企業を経営するワンマン社長といった感じである。

しかし、岩のようにゴツゴツした顔と、こちらを射貫くような細くて鋭い眼、それに腹に響くような野太い声は、体を張ってヤクザ稼業を生き抜いている、押し出しの強さを感じさせた。さらにその男にはもうひとつ、明らかな特徴があった。
左手の小指の第一関節から先がなかったのだ。

男は、国内有数の広域暴力団の「枝の組」の幹部だと名乗った。男との約束のため、所属する組織の名前は公表することができない。

「枝の組」のような暴力団特有の用語について、少し解説したい。指定暴力団には、山口組、住吉会、稲川会といった暴力団組織があり、いずれも組長を頂点とするピラミッド型の組織になっている。

たとえば、全国の暴力団およそ8万人のうち最大の4万人の勢力を誇る広域暴力団「山口組」では、現在六代目の司《つかさ》忍《しのぶ》組長（本名・篠田建市）が、ピラミッドの頂点に立っている。その配下に、「直参《じきさん》」と呼ばれる直系組長が100人近くいるのだが、彼らもまた「弘道会」とか「山健組」というように、みずからの組を持つ組長で、これら直参親分が率いる組を「二次団体」と呼ぶ。

さらにその下に「司興業」や「健竜会」といった「三次団体」がつらなる。「山口組」という大木の下に、枝のように数多くの組がぶらさがっているので、「枝の組」と呼ばれている。

男は、こうした「枝の組」の幹部だと名乗った。

男は、取材というものを受けた経験がないらしく、当初、警戒感をあらわにしていた。名の通った日本料理店を取材場所に選んだのだが、料理の感想を漏らすこともほとんどない。

ピリピリとした緊張感のなか、時間だけが過ぎていく。

京野菜を使った先付け、白身魚のすり身団子が入った椀、築地でその日に仕入れたという鮮魚の刺身。男は、ビールを水のように次から次へと飲み干すばかりで、会話はいっこうに弾まず、こちらも一般的な話題に終始した。

暴力団員は、「シノギ」について話すのを極端に嫌がる。シノギとは暴力団用語で、資金を稼ぐための活動のことである。警察は、「資金獲得活動」と呼んでいる。シノギについて聞くことは、「人の懐、財布のなかをのぞくようなものだ」として、取材中に激怒する暴力団員も数多くいた。

男は、黙々とビールを飲み続けながら、ポツリ、ポツリと話した。ヤミ金融や賭博、地上げといった一般的なシノギについては話してくれたが、株取引や不動産ファンドといった、最新のシノギについては、なかなか語ろうとはしなかった。

「経済に強い暴力団員」と聞いていたが、今回も空振りかもしれないと思いはじめていた。注意して男の様子を見ているうち、あることに気が付いた。

着物を着た日本料理店の女性が料理を運んでくると、男は間髪いれずに蓋《ふた》を開けて次から次へと口に放り込んでいく。もう少し、料理の彩りや香りを楽しめばいいのに、と思うくらい、すぐに食べてしまう。

この人は、極端にせっかちなのかもしれない。回りくどい質問のやりとりが面倒なのかもしれない……。

このままダラダラと話を続けても、取材の成果は望めない。一か八か、ずばり切り込んでみることにした。

あなたが、やっている最新の「シノギ」の現場を見せてほしい。テレビカメラで密着取材させてほしい——。


「コクピット」


男はなにも言わず、白身魚の煮物を口に放り込んだ。

〝やはり、ダメなのか……〟そう思った瞬間だった。

「コクピットの撮影は構わない。しかし事務所の全体はダメ。それからいちばん大事なことだが、自分が誰なのか絶対に分からないようにしてくれ」

『ヤクザマネー』の突破口は、この瞬間にひらけた。あっけないほど、話は一瞬で終わった。

男はさらに語りはじめた。

「事務所の一室に、パソコンのディスプレイを並べて、株取引をやっている。ディスプレイをコの字型に配置していて、まるで飛行機のコクピットのようだから、そう呼んでいるんだよ」

男の話によると、自分の組のカネ、投資好きの一般投資家のカネを集めた投資ファンドを組成しているのだという。集まったカネを海外での資源開発事業などに投資して運用しているが、運用益は年に1回、あるいは半期に1回しか出ないので、日々の儲けがない。つまり日銭が稼げない。そこで、ファンドのカネの一部を大規模なデイトレードに回して、株取引で儲けを出しているというのだ。

この日は、取材の日取りは後日決めるということになり、男は店を後にした。

その後、実際の撮影までとんとん拍子に進んだというわけではない。

「コクピット」の映像があるかどうかで、番組のインパクト、説得力はずいぶん違ってくる。是が非でも、コクピットを取材、撮影したいところだった。

しかし、事件を起こして刑務所に入っていた組員の「出所祝い」や、付き合いのある他団体の組織の葬儀などといった「義理事」が立て込んでいて、なかなか時間が取れないという。我々は、男に示された1台の携帯電話の番号しか知らない。それ以外に連絡手段はない。番組の放送日が決まっていて、いまさら変更することはできない。いたずらに時間だけが過ぎていくなかで、撮影できないという最悪の事態も想定しながら、ほかの暴力団員への取材を進めるほかなかった。

1ヵ月が過ぎようとしたころ、ようやく連絡が入った。

「今週ならお受けできます。ただ忙しいので、一発勝負でお願いします」

撮りなおしが許されない、一発勝負。カメラマンは打ち合わせをしたがったが、記者も現場にはまだ足を踏み入れたことがなく、想定に想定を重ねるしかない。現場でどれだけ頑張れるか、要はそれしか道はないのだ。

ベントレーとブラックスーツ

取材日。

男との待ち合わせ場所として指定されたのは、あるホテルのロビーラウンジだった。「このホテルは、比較的、ブラックな連中が少ないから待ち合わせにはいちばんいい」と男が指定してきたのだ。時間は正午すぎ。株式市場の場が閉じるのは午後3時なので、リアルタイムで株取引をする現場の臨場感を撮影するには、3時間弱しかない。

「そうですか。その話は、こっちでも一枚かみましょう」

突然、あの男の大きな声が飛び込んできた。男は、すでにロビーラウンジの奥のソファで談笑していた。相手は帽子にステッキを持った初老の品の良さそうな男性だった。商談にもみえるが、実際のところは分からない。

男は、こちらの姿に気が付いて、席を立って近づいてきた。あのときと同じように体を揺らしながら、のしのしと歩いてくる。この日は、薄いグレーのスーツに、ストライプのネクタイをしていた。手には小さなセカンドバッグ。格好だけでいえば、以前にも増してヤクザの臭いが感じられなかった。

後になって男から聞いた話だが、身元が分からないようにするために、ふだんはあまり着ないスーツを選んできたという。しかし、体全体からにじみ出る独特の押し出しの強さは隠しようがない。

「どうもどうも、じゃあ、行きましょうか」

男は大きな声で、それだけ言うと、ホテルの出入り口に向かって、のしのしと歩いていった。ホテルの車止めには、黒のベンツとベントレーが横付けされている。

いずれも、ナンバープレートの数字がある数字に統一されていた。暴力団員は、車のナンバーにこだわるケースが多い。自分の名前をもじった数字にしたり、ゾロ目にしたり、趣向を凝らす。

車の脇には、ブラックスーツを着込んだ若い男が4～5人立っていた。男の姿を見つけるやいなや、さっと車のドアを開けようとするが、男はそれを手で制し、車には乗らずに、そのまま歩きはじめた。

「ここからすぐだから、歩いて行きましょう。車だと逆に目立ってしまうしね」

のしのしと歩く男の後ろを、ベンツとベントレーがのろのろとついてくるという奇妙な一行で、逆に目立つような気がしたが、黙ってついていった。

現場

案内されたのは、20階建てのマンションだった。さほど真新しいものでも、見るからに高級感が漂う建物でもなかった。

カメラマンはマンションに入っていく場面から、撮影を始めた。少々手振れしても構わないと腹をくくって、歩きながらカメラを回し続けたという。

エレベーターに乗って、そのまま最上階まで上がる。廊下の突き当たりのいちばん奥の部屋が、目指す場所だった。

隣の部屋には、一般の住民が暮らしている。ここに、暴力団の事務所があると知っているのだろうか……。そんな疑問が、ふと頭をよぎった。

男は玄関ドアを開け、どんどんと奥へ進んでいった。

一歩部屋に入ると、マンションの外観とはうってかわって高級感が漂い、白と黒のモノトーンで統一されていた。壁と床は、輝くような白。床には大理石が使われていた。ソファや家具類は、重々しい黒。イタリアの高級家具メーカーの特注品だという。

そんな部屋を抜けて、さらに奥まった部屋へ向かった。

男は、そっと観音開きの扉を開けた。

秘密のディーリングルーム

「おおっ」――思わず声にならない声を出していた。立ちつくして、その光景に目を見張った。

部屋は、6畳ほどしかない無機質な空間だった。

ずらりと並んだ、12台のディスプレイ。パソコン、そしてLANケーブルや電源ケーブルといった配線の類がむき出しになって大理石の床の上を這《は》っている。

インターネットによる株取引を行う、ディーリングルームだということがひと目で分かった。

いや、ディーリングルームという表現ではまだ生ぬるい。まさに、男が言うとおりコクピットそのものだった。

暴力団の新たな資金獲得の現場、ヤクザマネーを膨張させている現場が、そこにあった。

さらに驚いたのは、そこに座っていた人物の姿だった。

濃いカーキ色のタンクトップを着た男。

腕をむき出しにして、色落ち加工が施されたジーンズをはき、しかも裸足というラフなスタイル。およそ暴力団の事務所には不釣り合いな格好の男が、そこにいた。長時間座っていても腰が痛くならないような、ゆったりした黒革のイスに、足を組んで悠然と座っていた。暴力団の事務所で本格的なディーリングルームを目の当たりにした驚きと、そこに座る男のアンバランス。そのとき、何が何だか分からないがものすごいものにぶちあたったという確信だけは強く持った。

「何をしているのですか？」という問いかけに対して、タンクトップの男が語りはじめた。

「これは、デイトレード。デイ中心のトレードですね。だいたい、常時、30銘柄ぐらい表示させて、取り引きしているんですけれども……」

意外に雄弁な語り口。足を組んで座ったまま、時折、右手でマウスをクリックしながら説明を続けた。

「今日仕掛けようと思う銘柄だけではなくて、日本のマーケットが影響を受けやすい、ニューヨーク、ロンドン、上海、香港、韓国、台湾、インドといった為替の動きであるとか、ニュース、速報もチェックしていく必要があるので、どうしてもこのぐらいの画面数が必要になってくるんです」

タンクトップの男は、我が子をいつくしむように誇らしげに説明する。

暴力団幹部の男もこう解説した。

「いわゆる、ブラックマネーですよ。覚醒剤はやったことはないけど、それ以外ならほとんどやってきた。ヤミ金融、バカラ賭博、オレオレ詐欺。どれだけ稼いだか分からないけど、ここで動かしているのはそうしたカネの一部ですよ。うちの場合、毎日3億円を動かしている。デイトレードで一日3億円の運用といったら、そこそこ大きいですよ」

値動きの激しい銘柄を見つけ出し、その日に買って、その日に売る。一度に大きな資金を突っ込み、大量の株取引をするため、わずかな値動きでも、利益は大きい。

空売りのテクニック

カチッカチッ。再びタンクトップの男が、我々の注意を喚起するようにマウスのクリック音をさせた。

「だいたい1トレード1000万円以上ですね。1回買ったり売ったりするのに1000万円以上のロットが多いんですよ。一日に20回くらいトレードする日もあるんですよ」

タンクトップの男は、以前、コンピューター関係の会社に勤め、インターネット取引のシステムをつくる仕事をしていた。と同時に、デイトレーダーとして、月々10~15パーセントの利益を出していたという。その技術と知識に目をつけた暴力団幹部の男が「自分のカネも運用してくれないか」とスカウトして、高額な報酬で雇うようになったのだ。

暴力団幹部によると、このディーリンググルームの稼働日は、土日を除いた月に20日間。毎日3億円を動かし、一日に1パーセントの利益を出させて、月に20パーセント。イコール6000万円が転がり込んでくる計算だという。

「なかなかいいシノギでしょ」

暴力団幹部の男は、そう言って笑った。

しかも、このディーリンググルームはこの男の「シノギ」のほんの一部だというから、毎月、懐に入ってくる総額は想像もできない。

暴力団が資金を出し、運用はプロのトレーダーに任せる。表経済の世界では、大手企業が派遣社員の登用や請負業の活用といった外部委託を進めているが、裏経済でも、「シノギ」のアウトソーシングが行われていたのだ。

暴力団が狙うのは、株価の変動が激しいベンチャー株だ。この日は通信関連企業の株に大量の売り注文を仕掛けていた。

「今日はこの3530円のところを抜いてきた。このときに、売りで仕掛けたんですよ。売ったり買ったりという持ち合いが30分ほど続いていたんですが、それがストーンと抜けて、昨日の安値を抜いてきた。売りごろということで、売り増しして仕掛けたんです。株は売られれば、もちろん下落するわけですが、今度はリバウンドしてきたところで買い戻しということですね。いわゆる空売りですね」

株は、売れば価格が下がり、一方で買いがつけば上がる。「空売り」は株価が下がっても、確実に儲けることができる手法だ。

株を売るには、その株を持っていることが前提になるが、空売りでは、証券会社や投資家が持っている株を借りてくることから始まる。

その借り株を一株100円で売ったあと、株価が80円に下落する。それを今度は80円で買い戻して、株券は証券会社や投資家に返すと、差し引き20円の利益となる。儲けのなかからいくらかのマージンを、株を貸してくれた証券会社や投資家に支払うが、それでも利益は残るという仕組みだ。もともと持っていない株を売るので、「空売り」と言うのだ。

暴力団にもたらされる企業情報

優秀なトレーダー。株価が下がっても儲かる「空売り」というプロ級の取引テクニック。

しかし、このディーリングルームが毎月、巨額の利益を上げている秘密はほかにもあった。それは、暴力団組織の情報網だ。企業の新規事業の発表のタイミングや企業の合併、買収の動きといった情報が、一般に広く知られる前のかなり早い段階で入ってくるという。タンクトップの男が語った。

「情報はやっぱり入ってきますね。それは、かなりの頻度で入ってきますよ。たとえばこれも、最初のころに入ってきましたね。(株価)2万円まで行きますよ、という情報が。上場企業の大きな値動きに関しての情報は、わりと日常的に入ってくるんじゃないですか。なかには上場企業の役員の方が、自分の会社に投資してほしい場合に、おカネ目当てで出してくる情報もあるみたいですし。後はファンドの連中ですよね。今度、どこそこを買収しますよ、みたいな」

それは法律で禁止されている、インサイダー取引にあたらないのか。暴力団幹部の男は、否定も肯定もしなかった。

「情報が入れば、勝つ確率は高いわけでしょ。そういう意味では、情報量、質ともに、重要なわけでしょ。やっぱり我々の場合というのは、特殊な方法で、その情報を入手していますからね。もしかしたらインサイダーかも分からないけど、自分が直接やっているファンドとか、自分の右腕が携わっているファンドとかの動きというのは分かるでしょ。ある程度、堅い情報になる。ほかにもいろいろな企業の不祥事や社長のスキャンダルというネタは、入ってくるわけでね」

このとき以前に取材した別の暴力団員が言っていた言葉を思い出した。

「証券市場は、国が用意した賭博場だ。しかも、我々はインサイダー情報を持って、そこに入っていくわけだから、イカサマだよね。イカサマ賭博っていうのは、昔から我々の専売特許なわけよ。だから証券市場というのは、新しいシノギであるけれども、昔から慣れ親しんでいる分野と同じなのかもしれない」

秘密口座はこうしてつくられる

一方株式市場の側は、ここ数年、暴力団をはじめとする反社会的勢力の締め出しに、業界全体で躍起になって取り組んできた。

平成18年11月、日本証券業協会は警察庁などの関係機関とともに、証券保安連絡会を設立。暴力団らの反社会的勢力に関する情報の集約や共有を行うなど暴力団排除の体制整備をはじめた。

さらに平成18年12月には、東京証券取引所が警察庁や警視庁とともに、反社会的勢力排除対策連絡協議会を設立し、暴力団についての情報交換を活発にするなど連携の強化を図ってきた。証券業界の危機感は高まり、証券会社の多くは内規で暴力団排除を定めている。

「暴力団には証券口座を開設しない」

「暴力団と関係のある企業は上場させない」

などである。それにもかかわらず、目の前で堂々と、ヤクザマネーが株式市場に流れ込んでいる。暴力団幹部は語る。

「現役の暴力団員の証券口座、株式口座はつくらせないと。そんなもの、とうの昔に分かっていますよね。そもそも、自分の名義でやるつもりも、いっさいなかったです、当初から。税金の問題も出てくるし、いろいろな問題が出てくるじゃないですか」

では、どうやって株取引を行っているのか。

言える範囲でということで、こう語った。

「ホームレスの人間を連れて来る場合もありますね。ホームレスを、適当なアパートに入れて、住民票を移して。その後、クレジットカードをつくったり、金融屋にカネを借りに行ったりしてね。ひいては、住宅ローンまでいくわけですよ。すると、家もあるし、生活の実体もあるようにみえる普通の人間になるんですよ。もうホームレスじゃない。そんなホームレスの名義を売っている、そういうビジネスをしている人もいるわけですよ。ネット口座っていうのは、面接は必要ないじゃないですか。ネット上で登録すれば、後は書面が送られてきて、その書面に書き込んで郵送すれば、口座は簡単につくれるわけです」

規制緩和で拡大したインターネット株取引では、口座さえあれば、簡単に株の売買ができる。ホームレスかどうかなど確認のしようがないし、外からヤクザマネーの存在を見抜くことは、ほとんど不可能だ。

「規制緩和イコール、隙間ですよね。グレーの人種が入ってくる、隙間をつくっていますよね。いま、日本の国が目がけている、指差している方向はどこなのかといったら、自分は、この投資というのを指していると思うんですよね。

アメリカでは、タンス貯金が3割、投資が7割。日本は反対なんです。7割がタンス貯金で、投資は3割にすぎない。これを逆さまにする。タンス貯金になっている7割を、投資に向けさせようということで、まず行われたのが銀行のペイオフですよ。1000万円までとその利息等しか保護されない。それで、銀行に預けていても、安心できないと。そこへ、株が携帯電話でもコンビニでも買えるようになった。さらに、ライブドア株のブームも手伝って1株でも買える、何十円で株が買えるとなった。この投資というビジネスのなかで、我々がどんな形で、どんなふうに食い込んでいくか。自分自身は、国が目がけている投資という方向についていって、新しいビジネスを何か生み出していくと。生きるか死ぬかぐらいの気分でやっていますよ」

男の説明は、あまりに合理的だった。

合理的すぎて、気味が悪いほどだった。

「経済と力の二輪車」

取材から、1週間後。再び、銀座の日本料理店。

ディーリングルームを持つ暴力団幹部の男と向かい合っていた。大柄のストライプのスーツを着て、胸元には、チーフをさりげなくポケットから見せている。上着を脱ぐと、ベストを着込んでいた。

聞きにくいことだが、ぜひ聞いておきたいことがあった。いまの暴力団は、カネがすべての世界なのか。任俠や仁義という言葉は、もはや消え去ったのか――。

男は相変わらず運ばれる料理をすぐにたいらげ、話した。

「たとえば、組のために事件を起こして、長期の懲役に行ってきたとして、帰ってきて、組のなかで立場をもらって、経済力もつくかといったら、何も約束されていないですよね。それよりは、現実的な問題といったら、おカネじゃないですか。そっちのほうが、任俠やら仁義やらよりもシェアは大きくなっていますよね。しかし、カネ儲けだけ、オンリーでもこの世界では、半端モンだと思うけどね。二輪車みたいなもので、経済と力の二輪車。やっぱり組のために体賭けたりとか、組織のために犠牲になったりという、この精神も必要だと思う。この二輪車でないと、やっぱりこの世界の階段を駆け上がっていけない。ただ食うためだけの一輪車でもダメだということですよ。階段を駆け上がっていけないですよ。昔は、ひところは行きましたよ。度胸一本で、親分になった人はいくらでもいましたよ。でも、その時代は、もう終わったということですよ」

このころ、話題になっていたのは、金融商品取引法の施行だった。金融商品取引法は、ライブドア事件や、村上ファンド事件で問題となった、投資ファンドについて取り締まりを強化するというものだった。ファンドに出資している人たちが誰なのか、暴力団が含まれていないか、監視が強化されることになった。

男は興味深い見方を披露した。

「暴力団のブラックマネーが、匿名組合を通じて、株式市場に流れていると。それをシャットアウトしようというのが、金融商品取引法でしょ。だけど、反対の結果になるに違いないと思うね。企業は、株式市場から直接金融で資金調達しようとしても、やりにくい環境になる。もともとファンドや匿名組合に出資されている資金というのは、何もブラックマネーだけじゃないわけですよ。カネを持っている投資家で、税金を払わないで儲けたいという人もいるじゃないですか。こういうのは、ブラックじゃなくて、グレーですよね。グレーでも、もっとよりシロに近い人たちのカネまであるわけですよ。それが法律ができて蛇口が閉められると、ブラックもグレーも全部のカネの流れがなくなりますよ。イコール、企業は資金調達ができなくなるわけですよ。それでもどうしても資金が必要ということになれば、我々のようなブラックマネーに行くしかない。法律がどう変わろうと、カネが必要だということは変わらないんだから、国が考えている方向とは、逆に行くと思いますよ」

食事を終えて店を出ると、ディーリングルームの取材に訪れたときに見かけたのとは別の、黒のベンツが横付けされていた。この日の車も、ナンバープレートは男の好きな数字に統一されていた。男は、後部座席に体を滑り込ませると、ウィンドウをそっと下ろした。

「じゃあ、ここで失礼します。お休みなさい」

男を乗せたベンツは、夜の銀座に消えていった。男の言うように新たな対策の強化が、再び暴力団につけいる隙を与えることになってしまうのだろうか。

今日も、また、あのディーリングルームで、ヤクザマネーが膨張を続けている。

「おやっさん」の嘆き

株式市場を「シノギ」の場にしているのは、実は一部の暴力団だけではない。ディーリングルームを持つ暴力団幹部の男のように大規模ではなくとも、中堅クラスの組員、そして末端組員にまで、その裾野は広がりつつあるのだ。

暴力団の世界の基本的なことを知るために、長期間、接触を続けたある暴力団員がいる。「また会ってみたい」と思わせるような、どこか憎めない人柄で、親しみを込めて「おやっさん」と呼んでいた。

身の丈は、ゆうに1メートル80センチを超える。顔は恐竜のように怖いが、気は優しい。昔かたぎの仁義に厚い男で、愛嬌もあった。緊張感が続く取材のなかでは、和み系、癒し系の存在だったと言えるかもしれない。

しかし、パソコンもいじれないように見えたこの「おやっさん」も、実は株取引をしていることが番組取材の後半で分かった。古いタイプのヤクザまで、「シノギ」を変えつつあるということに驚かされた。

はじめて「おやっさん」と出会ったのは、「おやっさん」の行きつけの寿司屋だった。

「おやっさん」は、若い頃は日本料理店でアルバイトをして、料理人を目指していたという。そのため、料理人の仕事には人一倍うるさい。はじめて会ったその日も、コハダや大好物のイカのゲソの寿司をパクパクと口にしていた。

取材チームの記者のひとりが懇意にしている飲食店経営者がいて、「おやっさん」がその飲食店経営者の「ケツモチ」をしていたことから、紹介を受けた。

「ケツモチ」というのは、何かトラブルに遭ったときに、その処理にあたる、いわゆる用心棒的存在だ。繁華街で店を経営する人たちや、路上で飲食店や風俗店の女の子をスカウトしている人たちは、何かとトラブルに巻き込まれることが多い。そのため、たいていこうした「ケツモチ」の暴力団員を頼る。もちろん、守ってもらう代わりに、おカネを支払っているのは言うまでもない。

銀座、六本木、新宿、渋谷、池袋。飲食店や風俗店が立ち並ぶこうした繁華街は、古くから暴力団の資金源となってきた。

「おやっさん」も、こうした繁華街を縄張りにする暴力団の幹部だ。かつては、飲食店や風俗店などから取り立てる「みかじめ料」で、組を維持してきた。しかし、平成4年に暴力団対策法ができてから、年々、警察の取り締まりが強化されてきた。

平成19年8月。世の中は夏休み、お盆休みに入ろうかという時期の夜。「おやっさん」が自分の縄張りの繁華街を見回る「地まわり」に同行取材した。大通りから1本入った路地で、顔なじみのキャバクラの店員とすれ違った。

「景気はどうだい？」

「なかなか厳しいですね」

「おととい、何かやられたの？」

「火曜日ですね。制服です。制服」

「制服が入るのかい。パクられたらどうにもならない。頑張ってよ」

制服の警察官が、違法な深夜営業をしていた飲食店の摘発に入ったということだった。警視庁は、六本木、新宿、渋谷、池袋の各地区で、「浄化作戦」と銘打って、違法営業の風俗店や、外国人などの執拗な客引きの取り締まりを強化している。その影響で、「おやっさん」たちが資金源にしてきた飲食店や風俗店も、ここ数年でかなりの数が摘発されてしまったという。

「ケツモチ代だ、ショバ代だと、諸々のカネが減っている状態だからね、いま。こんな状態で、組は維持できないでしょ。俺たちヤクザへの締め付けだって、尋常じゃないよ。ヤクザに人権はないのかって感じだ。たとえていうなら、人の家に入ったら、もう入っただけで不法侵入だと。すみません、どちらの方ですかって、こっちが組の名刺出したら、恐喝だっていうんだから。飲み屋の個室とか、こういう席で話をするときも、相手は入り口に近いほうに置く。奥に入れたら軟禁だって言われるからね」

一日150円の「みかじめ料」

「おやっさん」は、繁華街の見回りの後、ホストクラブの従業員や、路上のスカウトマンたちを、次々と電話で呼び出していた。

現れたホストはTシャツにデニム地のハーフパンツ、足にはビーチサンダルというラフな格好だった。

「おはよう。お前なんちゅう、相変わらずの格好してるな」

「すみません。暑いっすからね」

「暑いったってなんたって、もうちょっといい格好しねえと。最近はどうなんだよ?」

「厳しいっすね。客も少ないですし。カネ持ってきました」

「2万、4万、オッケー。何かあったら、電話よこして。はい、ご苦労さん」

いまは、自発的に支払う「親睦会の会費」として、一人あたり3万円から5万円を受け取っている。親睦会といっても活動実体があるわけではないが、年に1度、飲み会を開いている。「みかじめ料」として取り立てることができなくなったため、警察の取り締まりを逃れる方法として、暴力団の間で広まっている手法だ。

「みかじめとしては取れない、いまはね。いろいろな形で名前を変えて取っているね。親睦会の会費とか、商店街の何とかかんとかと、訳の分からない名前をくっつけてさ。ただの親睦会に入るってことで、会費1万円だよって、最初は。1万円なら高い気がしないんじゃない。その代わり何かあったら、どこでも飛んで行ってやるから。現に行ってるからね、神奈川でも埼玉でも、すっ飛んで行ってるから。

いまのご時世だから、スカウトは2万円とか1万円とかね。苦しけりゃ、お前2万円でいいよと。大変だろうと。スカウトの子でいちばん安い子は5000円という子もいるんだよ。1ヵ月5000円だよ。一日150円ちょっとだよ。本当、缶ジュースを飲んでるのと同じ感覚よ。いまはもう本当に、シビアですよ、ヤクザは」

「おやっさん」は、ほかの組との抗争やトラブルに備えて、いつも繁華街のホテルやサウナに泊まっている。取材の期間中も、何度も緊急出動をしていた。

路上で客引きをしていたホストが、酔っ払いの客にからまれて助けを求めてきたこと。面倒を見ているキャバクラに、暴力団員3人が乗り込んできて因縁をつけてきたこと。

面倒を見ている会社経営者の男性が、金属バットを持った路上強盗に襲われたこと。数限りないさまざまな案件で、「おやっさん」は、深夜、早朝を問わず、助けに向かっていた。それもこれも、助ければ臨時収入が転がり込むからだ。

濡れ手で粟

カネがなければ、人も集まらず、組織は衰退する。「親睦会の会費」としてカネを集め、緊急出動を繰り返して臨時収入を得ていても、組の維持はままならない。

「おやっさん」が株取引を始めるようになったのは、「親父」と慕う、ある会社経営者から誘われたことがきっかけだった。会社経営者は株取引が趣味で、「お買い得だから」と言われるままに、1000万円で株を買ったところ、数日後に株価が上がって、濡れ手で粟の儲けを手にしたのだ。

「あのときはおいしいなって思ったね。何にもしていないのに儲かって、嬉しいなって感じだったね。そこからだよ、株をやりはじめたのは。ただ、周りにはあんまり言ってない。カネを持ってると分かると、たかってくる奴らが大勢いるから。これで、何とか元手をでっかく膨らまそうと思っているんだ」

「おやっさん」がこれまででいちばん儲けたのは、ある製薬会社の株だったという。

「製薬会社で今度新薬が出ますと。臨床試験が全部終わって今度新薬として認可が出ますよと。そういうのを聞いて、チビチビでも買い出すでしょ、安いうちに。それでパーッと上がったときに売ったら、莫大な利益になりましたよ。5000万円が3倍4倍になっちゃったんだから。一般投資家はそうじゃない。上がりだしてから買うんだから。俺たちは、インサイダー取引っていうか、本来、もうここの株は上がるっていうのを分かって買っているんだから」

仁義、任侠を大切にしている「おやっさん」でも、資金力がどれだけあるかに、生き残りがかかっていると話した。

「やっぱりカネがね。資金力のあるところにはかなわないよね。死ぬのが怖くない、事件を起こして懲役に行くのが怖くないというような奴が買えるんだから、カネで。要するに、力っていうのは、もう本当に、ケンカだけじゃないから、いま」

「鉄砲玉」は、カネで買える。人の命さえ、カネで買えるかもしれない。資金力こそが、組織の力を示す時代になっているのだ。

「白いカネか、黒いカネか」

猫も杓子も、株取引。株式市場からの暴力団排除は進んでいないと言わざるを得ない。大規模なディーリングルームを持つ暴力団幹部の男。昔かたぎの暴力団幹部の「おやっさん」。大組織から末端組織に至るまで、株取引に乗り出している。

ある暴力団組長の金庫番の話を、ひとつ紹介しておきたい。何とか撮影にこぎつけたかったのだが、最終的に拒否されてしまったものだ。

東京・赤坂にある、韓国人クラブ、「韓クラ」にいたひとりの男。武闘派として鳴らす、ある暴力団組長の金庫番だという会社経営者だった。

「ペン取材ならいざしらず、撮影なんてもってのほかだ。絶対にお受けできないですよ。確かに、株取引は、ここ数年で始めました。株の売買に使うおカネは、白いおカネなのか黒いおカネなのか、詮索はしないことにしている。要は、儲かればいいんだから」

帰り際に会社経営者は、面白いものを見せてくれた。韓国クラブに横付けされていた車だ。大型のワンボックスカー後部座席の、スライド式のドアを開けたところ、目に飛び込んできたのは、4台のディスプレイだった。株価をチェックするために、特注でつくったという。

移動式のディーリングルームなのである。

〝ついに、ここまできたのか〟

「規制緩和」の大号令の下、国が推し進めた新興市場の創設と、インターネット取引の拡大。誰もが株主になれる時代となり、個人トレーダーが急増した。

その裏で、一般投資家のマネーを飲み込みながら、膨張を続けるヤクザマネー――。

それを象徴する光景が、いままさに眼前にあった。

第二章　80億円の男

ブラックエンジェル

エンジェル。

上場を目指すベンチャー企業の社長たちが、出資してくれる投資家や投資グループのことを、こう呼ぶ。

カネを出してくれる出資者は、元手のないベンチャー企業からすれば確かに天使のような存在だろう。外資系の証券会社のなかには、「エンジェル・ファンド」と銘打った商品まであるくらいだ。

ブラックエンジェル……。

番組で取材したあるベンチャー企業の経営者がこうつぶやいた。

「エンジェルならぬ、ブラックエンジェルです。資金を出してくれる、投資してくれるという話で、喜び勇んでお願いした。しっかりと、固く手を握り合ったときは、何の疑いもなかったんです。暴力団だったなんて、知らなかった」

つないだ手は、黒い手だった。

ブラックエンジェルの周りには、カネに吸い寄せられ、マネーゲームに狂奔するベンチャー起業家らが集まり、やがては抜き差しならない関係にまでひきずりこまれてしまう。まるで蜘蛛の巣に近づいた昆虫が、みるみるその糸に絡めとられていくように。


その男との出会いは、偶然のことだった。当初、紹介される予定だった暴力団の組長と、たまたま一緒に来ていたのが、その男だった。

平成19年2月、東京・恵比寿の寿司店。大相撲の升席のように、ヒノキの木枠で囲まれた4人席で食事をともにした。暴力団組長に「経済のことなら、自分よりも〝兄弟〟に聞いたほうがいい」と言われて話したのが、その男と会った最初だった。

「兄弟」といっても、肉親でも親族でもない。暴力団は、互いに義兄弟の契り、盃を交わし合った仲では、「兄弟」と呼び合うことが多いのだ。「兄弟」と呼ばれた男は、暴力団組長と同じ系列の暴力団組織にいるという。腹の奥底から湧き上がってくるような、芯の太い声で話しはじめた。

「きれいな言い方をすれば、投資ビジネス。上場を目指すベンチャーにカネを投げてやって、代わりに株をもらうわけですよ。それで上場を果たしてもらう。上場すれば、その株が大きく化けるじゃないですか。その後のことは、もう我々は何も考えていませんよ。持っていた株を全部売り払って手仕舞い。向こうも、上場した後も我々と付き合いたいとは思わないでしょう。上場によるメリット、つまりＩＰＯ（新規株式公開）狙いですよ。上場するまで、立ち上げのためのお手伝いで、それで、こっちも儲けさせてもらっているんです。株価操縦とかは何もしていない。あくまで合法的にやっていることですよ」

専門用語がポンポン飛び出してくるところからして、相当金融界に詳しいな、というのが第一印象だった。資金繰りに困った多くのベンチャー企業の経営者たちが頼りにしてくる男。

ブラックエンジェルが、目の前で微笑んでいた。

ベンチャー企業の駆け込み寺

その男は、東京の一等地に事務所を持っていた。飲食店が立ち並ぶ騒がしいエリアもあるが、事務所は、それとは一線を画す静かな場所にある超高級マンションの一室だった。防犯カメラが威嚇するように至るところに目を向けている。

地下には、ベンツやクラウン、シーマといった高級車が並ぶ。なぜか、色は黒か白ばかりだ。

男のもとには、資金繰りに困ったベンチャー企業の経営者が足しげく通ってくる。

ガチャッ——部屋の重々しい扉を開けると、そこが男のオフィスだった。

いちばん奥に、男の大きな机。その上には、パソコンや電話といった必要最低限のものしか置かれていない。タバコはかなり吸うようで、顔の大きさほどもある大きなガラス製の灰皿には、たくさんの吸い殻が刺さっている。

手前には、ゆったりとした革張りの応接ソファがあった。数多くのベンチャー企業の経営者がここで、この男と向き合ったのだろう。

事務所を訪れた日、男は、飲食店チェーンを運営するベンチャー企業の経営者から融資の依頼が来ていると言った。金額は明かせないが、融資のカネの一部を見せてもいいという。

男は、金具だけ金色の、真っ黒なアタッシェケースを取り出した。4桁の暗証番号でロックされた重厚なつくりのケースを開けると、なかには、数千万と思われる現金が詰め込まれていた。男は、1万円札を一枚一枚確かめながら、数えていく。

むしり取るような乱暴な数え方。おカネをおカネとも思っていないような、何か邪魔なモノを扱うような、そんな手つきだった。

「大きいカネだから、大きい利益を生むんですよ」

その姿をみて、思わずこう聞いてしまった。

「ブラックマネーなんじゃないんですか？」

男は指を止め、一気にこうまくしたてた。

「何がブラックマネーっていうんです？　どういうのがブラックなんです？　ブラックマネー、ブラックマネーって。私はね、そういう言い方されるとね、何がブラックかと言いたい。私どもは、上場する、ＩＰＯする、その会社をこれだけ助けているわけですから。逆に私が聞きたいですよね、何がブラックなんですかと」

男の迫力は尋常ではなかった。

融資は3日以内

取材したなかでも、男が所属する暴力団組織は、経済力という面でおそらくトップクラスの組織だと思われた。

バブルのころ、異常に高騰した東京都内の土地や不動産の地上げ、それに不動産の転売で巨額の富を手に入れた。その後、資金は証券ブローカーたちが仕掛ける株取引、いわゆる「仕手戦」に投入され、倍々ゲームでさらに増えた。

こうして膨らんだ資金は80億円にのぼり、いまはこの巨額の資金をベンチャー企業への投資や融資に回している。

東証マザーズをはじめとして、この8年間で、7つの市場が新たに開設された。ベンチャー企業を育成するという国の方針のもと、上場基準が大幅に緩和され、1300社が次々と上場を果たした。上場しただけで、株価が2倍、3倍に跳ね上がるのは当たり前の時代。ベンチャー企業は我も我もと、上場を目指した。

ところが、平成18年1月、風向きが変わる。

東京地検特捜部がライブドア事件の強制捜査に乗り出した。時代の寵児《ちょうじ》ともてはやされた堀江貴文社長（当時）が逮捕されるや否や、投資家は敏感に反応して、新興市場は一気に冷え込んだ。

実は、このことは、男の組織に何の影響もなかった。逆に資金調達が困難になったベンチャー企業の経営者たちはますますこの男のカネに頼るようになっていった。

「カネを貸すところがないわけだ。銀行さんが貸しますか。貸さないでしょう。我々の強みは、いちばんはスピードですよ。速さですよね。我々の場合は今日、その方とお会いしたら、遅くとも3日以内ですよ。3日以内。速いですよ。しかも現金ですよ。現金。何ていったってね、おカネに困っている人は、それこそ1ヵ月後の1億円よりも、明日の3000万円のほうが嬉しいんだよ」

自信に満ち溢れた言葉。タバコをくゆらせながら話すその姿は、持てる者の強さを体中から漂わせていた。タバコを持つ手には、大きな天然石の指輪が鈍い光を放っていた。

男は、圧倒的な資金力を示すものとして、事務所にある金庫を指差した。現金勝負で投資や融資をしていることが、スピードにつながるのだという。事務所の金庫には、常時億単位のカネが準備されているという。

思わず「儲かっていますか？」という問いを発していた。男は、何をいまさらという顔つきで、こう言い放った。

「儲かっているからやっているんですよ。儲からなきゃ、やらないでしょう」

〝身体検査〟

もうひとつの疑問が湧いた。

〝投資や融資をしたはいいが、損をしたことはないのだろうか？〟

その問いかけに対しても、男の答えは明確だった。何もやみくもにカネを出しているわけではなく、「組織の情報網を使って、代表者の〝身体検査〟をする」というのだ。

〝身体検査〟とは何か。

「投資の場合だったら、全部で（必要な額の）35パーセント投資してあげようと。その代わり、必ず上場するというメドはいつなんだと。かれこれこういうふうになると、上場するという計画を全部教えてくれと。それと向こうの経理担当の人ですね。こういう方と個別に一席設けて食事でもして、その会社の素性を調べるために、代表者がどういう人間なのか、そういうのを全部、その経理の人間から聞きますね。たいてい、そこの代取（代表取締役）をよく言う人はいませんから、社員っていうのは。それが本当の真実ですよね。

いろいろな私生活も聞きますよ。奥さんとはうまくいっているのか。愛人でもいるのか。社員っていうのは、案外、よく知っていますから。会社を大きくしようとか、上場しようとかいうのが、愛人でもつくって出費しているような、そんなバカな会社じゃダメですよ。そう思いませんか？　どういうところに代表取締役の人間がおカネを使っているのか、そういうのはきっちり調べますよ。それがまあ、〝身体検査〟ですよ」

代表取締役社長を丸裸にする。決算書や事業計画書は参考にはするが、はなから信用はしない。脚色され、偽造されている可能性があるからだ。

人物本位といえば、聞こえはいい。しかし、〝身体検査〟という言葉や、女性関係を入念に調査しているという事実からは、ひたひたと身辺に迫り、弱みを握っていくような、不気味なヤクザ性を感じざるを得ない。ベンチャー企業にとっては、出資してくれるエンジェルに違いないが、こういう不気味さ、黒さ、汚さが、ブラックエンジェルたる所以なのかもしれない。

投資や融資と引き替えに、暴力団組織の男が手に入れたベンチャー企業の株。企業名を口外しないという約束で、その一部を見せた。

「これは、立ち上がったばかりの小さなＩＴ系のベンチャーなんですが、相手さんの会社のですね、全株を取っているわけ。全株ですよ。２０００万円ですから。これ、２０００万円分の株ですね。全株ですよ、全株」

別の株券を見せながら。

「これもＩＴですね。これはね、医療関係にかかわっている会社ですよ。医療ロボット関係ですね。面白いですよね、この会社も。医療の最新技術を持っていますよ。いざというときには、すぐに代表者を変更することもできるわけですね」

社長の首をすげ替え

暴力団組織の男は、手持ち無沙汰そうに、時折株券をパラパラとめくってみたり、宙にひらひらと振ってみたりして、微笑んでいた。

ブラックエンジェル——会社の命ともいうべき株が、いままさに、暴力団の手のなかに握られていた。

「要するに、事実上、あなたが会社のオーナーなんですか?」

「そうですよ。そうです」

暴力団組織の男は、実際に、代表者をすげ替えたこともあると話した。それは、大証ヘラクレス市場への上場を目指していたあるＩＴ企業だという。

この企業は、男の組織から3億円もの投資を受けていた。暴力団組織の男は、投資する場合、全発行株式の過半数、または議決権を持つことができる3分の1以上を握るまで投資を行っている。これを嫌って、企業の代表者は、さらに外資系ファンドに新株を発行する増資を行って、暴力団組織の男が持つ株式の割合を減らそうとした。この計画が、暴力団組織の男に発覚したのだ。

「外資なんですが、私どもの知らないところで、融資を受けていたんですよ。そのうえ、外資に新たに株を持たせて我々の持ち株比率を下げようとしたわけですよ。私どもからすれば、対立する行動なわけです。だから、臨時株主総会を開いて、解任動議を突き付けたわけですよ。投資する場合は、中途半端な投資をしてはダメなんです。やるなら議決権が握れるところまでやらないと。代表者が個人で持っている株を全部うちが買い取るわけですよ。そしたらいつでもクビを替えられるじゃないですか。代表者を変更できるじゃないですか、臨時株主総会で。それこそが保全ですよ」

投資と融資

暴力団組織の男の話だと、ベンチャー企業を中心に全国の80社が、男の組織に資金を頼っているという。このビジネスが暴力団の安定的な「シノギ」になっている実態を明かした。投資の場合は、上場することで莫大な利益が見込めるが、毎月の収入は生み出さない。そこで、投資だけではなく、同時に法定金利を上回る3パーセントから5パーセントで融資も行っている。こうすることで、毎月、確実に金利収入が入る。その収入だけで、毎月1億円から1億5000万円にのぼるという。これは、暴力団の「シノギ」としては、実に安定的なものだと言える。

「金利は高いですよ。高いですけど、10日で1割なんていうのと比べれば、ずいぶん良心的ですよ。それに相手さんとも了解のうえで行っていることです。我々は無理なことは、何一つしていないですよ。これだったら無理がないなというところで、お互いに納得して、金利手数料をもらうわけですから。そこに、貸金業規制法（いまの貸金業法）だとか、出資法だとか、私どもにそういう法律の概念は何もありません。相手とのお話し合いのうえでの金利手数料ですから」

「うちに来るのは、いま現在の規模で、銀行、外資系が投資も融資もしないというところですよ。ＩＴ、ロボット、飲食店チェーンが多いですね。ＩＴ、ロボットは、いろいろな設備投資にカネがかかったり、研究・開発費が必要だったりするのに対して、入ってくるおカネというのは、まだないわけですよ。そうなると、銀行は、カネが一銭も入ってこない会社に、先行投資するというのはなかなか難しいとなる。飲食関係だって、全国チェーンを展開する会社は多いでしょ。あのクラスになると、物凄いキャッシュフローがあるが、やはり立ち上がりは苦しいわけです。だから、銀行に振られて（融資を断られて）、振られて、うちに来ることになる。

それから今度、ジャスダックに新しい市場ができるという計画が持ち上がっているんですよ。最先端の技術を持った企業に特化した市場らしい。たとえば、ロボット技術を持つ企業なんかが対象になってくるようだ。そういう市場ができれば、そこでの上場を目指すベンチャーが現れてくる。我々のビジネスチャンスが広がるわけで、小さくても最先端の技術を持っているベンチャーにいまから手を打っておけば、そのうち化ける可能性があると思っているんですけどね」

この話を聞いたのは、平成19年の2月ごろだったと記憶している。その半年後、確かに、その市場は誕生した。

ジャスダック証券取引所の新市場「ＮＥＯ」だ。

「ＮＥＯ」は、成長可能性のある新技術、または新たなビジネスモデルを有する企業を支援するとともに、投資家にこうした企業への投資機会を提供することを目的とした市場だ。勢いとスピードのある「新彗星」をモチーフにしたロゴマークは、現代の最先端を走る市場にふさわしいイメージを感じさせる。

誕生から半年あまりたった「ＮＥＯ」には、情報通信ソフトウエア開発会社、電子マネーの運営会社、再生医療製品の研究・開発会社など、ＩＴ、医療の最先端技術を持った企業ばかりが名を連ねるようになっている。

この市場に関する様々な情報をいち早く仕入れていた情報力。さらには、新たな市場を目指す若いベンチャー起業家が増えることを察知する嗅覚。これからの投資のターゲットにしていくという狙いには、あらためて驚かされた。

「カネに色はない」

80億円の資金を持つ暴力団組織の男への取材は、長期間にわたった。最初に出会った2月から、最終的に撮影を終えた10月末まで、実に8ヵ月間に及んだ。これだけ長期間の取材を行ったのには、訳がある。暴力団側の取材だけではなく、それに頼ってくるベンチャー企業側への取材も行いたいと思ったからだ。

しかし、常識的に考えても、暴力団の資金に頼るベンチャー企業が取材に応じるとは思えない。取材を受けるメリットが何ひとつないからだ。むしろ暴力団排除の気運が高まっている昨今、暴力団と関係があるというだけで、企業の存続自体が危ぶまれてしまう。はたして取材を受ける会社があるだろうか。取材は難航をきわめた。取材を断られた企業の数は、数十社にのぼった。

平成19年10月上旬。ようやくあるIT企業の経営者が、会社名、所在地、業種、業態などを明かさないことを条件に、取材に応じた。最初は逡巡していたが、交渉を続けた結果、暴力団との関係にまで踏み込んで取材に応じることになった。なぜ多くのベンチャー企業が、暴力団に経営を脅かされてまでヤクザマネーに頼るのか。そのナマの声を聞くことができた。

このＩＴ企業は、ベンチャー企業が好んで入居する東京都心のタワービルにあった。通された会社の会議室の窓は、足元まで全面ガラス張りで、東京タワーや林立する高層ビルが一望できる。下を見ると、歩く人や通り過ぎる車が小さく見え、めまいがしそうだった。

待つこと10分。会議室のドアを開けて、ＩＴ企業の経営者が入ってきた。長めの髪に、伊達メガネ。茶色のラフなジャケット、ベージュ色のチノパン、そしてノーネクタイ。普通の会社経営者やサラリーマンと比べれば、ラフな印象だった。

この経営者は30代で、数年前、80億円の資金力を持つ暴力団組織の男から4億円を超す投資を受け、代わりに株の半分を握られた。投資を受けた後から、このＩＴ企業が開発したＩＴ関連機器が若者の間でヒットし、経営するＩＴ企業は、いまでは年間15億円を売り上げるまでに成長した。

お決まりの名刺交換を終えると、経営者は静かに話しはじめた。

会社の設立当時、事業拡大のための資金を必要としていたという。いくつも銀行を回り、会社の技術と開発力をアピールし、未発達な日本での市場にいまのうちに食い込めば、独占的な販売権を手にすることになるという将来性も強く訴えた。ベンチャー企業に投資するベンチャーキャピタルにも、自分の会社に賭けてほしいと熱く語って回った。

しかしいくら説明しても、銀行にも、ベンチャーキャピタルにも、取り合ってもらえなかったという。

「技術があって、商品をいろいろ開発していっても、結局は資金が枯渇してしまうわけですね。一代で立ち上げていますので。開発が終わって、できた商品をいよいよ売るという段階になって、おカネがなくなっちゃったと。銀行に限らず、ベンチャーキャピタルさん、ノンバンクさんとありますけれども、非常に審査も厳しかったり、時間もかかるわけですね。6ヵ月くらい抱えられてしまう例も前にあったんですけど、そうなってしまうと、せっかくの商機が終わってしまうわけですよ。将来的にこれを展開すれば市場が塗り替わるとか、そういうことは熱く語れますけど」

経営者は、どこか苛立《いらだ》ちを含んだ表情でこう一気に話した。

「未来の価値に対して、投資ということであればいいですが。銀行なんて、あくまで貸し付けですから、保全されないとダメだというのをいちばんに言われてしまうと、もう無理ですよ。担保はあるかとか、実際に契約がたくさん取れていて（資金が）回っているのかとか、足元が固まっているかっていうのは、よく言われますよ。固まってないから借りるわけで。そういうことで、ほとんど断られてしまいます」

銀行からも、ベンチャーキャピタルからも、ノンバンクからも断られて、途方に暮れてい

った という。

そんなとき、同じITベンチャーの経営者仲間から紹介されたのが、暴力団組織の男だった。

「最初は、暴力団関係だと聞いて、やはり、ええってなりましたよね。私の過去のことをよく知っていて、会話の途中でも、『あなた、こういうことしていましたね』とポロッと言われたりして、少し怖いなと感じることはありました。でもやっぱり、おカネに色はないですし、借りてもうまくいった場合は返せばいいわけです。おカネは必要なときがあるから、すぐ欲しいわけですよ。商機を逃さないために、いますぐおカネが必要だというときにはやはり頼らざるを得ないんじゃないかと思います。方法論がどうかよりは、運転資金が欲しいといったことが先に立ちますので。やっぱりお願いをするという気持ちに、すぐなりましたよね」

経営者の男性は、インタビューを受けながらも、時折長めの髪を耳にかけたり、手と手を組んでみたり、落ち着かない様子だった。あのときの状況では、これがベストの選択だったんだ、仕方がなかったんだと、自分に言い聞かせているようで、何とも痛々しかった。

魂を売りわたす経営者

80億円の資金力を持つ、暴力団組織の男。

それは、ブラックエンジェルの本領とも言える行為だった。投資する際に交わした契約書類の束を見せていたときのこと。確実に利益を引き出すため、ある書類を、経営者から取っていた。

——その、真っ白い書類は何ですか？

「これは、白紙委任状ですよ。ここに、いろいろ書けるでしょう。白紙に相手の印鑑押させて、何でもできるじゃないですか、内容証明も打てますし」

名前と実印だけが押された、文字どおり白紙の委任状。

自分たちの意に背いた場合、これがあれば会社の資産や売上金を、強制的に取り上げることができるという。白紙の委任状が、目の前に10枚以上並べられていた。

——実印が押されているのですか？

「もちろん実印ですよ。実印じゃなきゃ、意味がないでしょ。投資や融資を行う、その現場で白紙委任状を取るんですよ。こっちの人間が相手さんの会社の社長室でね、実印を出してくださいと言って、目の前でポンポン押してつくっていくんですよ。みなさん切羽詰まっていますから。何とも言いませんよ。もうこのときは、すでに何億と目の前におカネがあるんですから。嫌とは言えないでしょう」

おぞましい光景が目に浮かんでくる。向かい合う暴力団組織の男と、ベンチャー企業の経営者。机の上には、山と詰まれた現金がある。カネに目が釘付けになっている経営者。その姿を楽しむかのように、ニヤニヤと笑いながら、白紙委任状に実印を要求する暴力団組織の男。

ヤクザマネーの力が、すべての無理難題を押しとおす。そこでは上場を目指す純粋なベンチャー魂は無残にも消し飛んでしまう。いや、ベンチャー経営者が、自ら魂を売りわたしているのだ。

「1億5000万、現金で」

暴力団組織の男と、IT企業の経営者との関係は、会社が新興市場への上場を視野に入れるまでになったいまも続いている。

もし暴力団との関係が明るみに出れば、上場はおろか企業の存続すら危うくなる。

しかし、一度ヤクザマネーに頼ると、そう簡単には関係は断ち切れなくなるという。

「反社会的なものと手を結ぶというふうに考えてしまえば怖いですけれども。あくまでもノンバンクのひとつなんだと思って、思い聞かせてですね。つけこまれているといえばそれまでなんでしょうけれども、最終的には経営者判断ですから。借りたのはあなたでしょって言われると、そうですすと答えざるを得ないですよ」

80億円の資金力を持つ男の取材を続けていた間も、撮影に至らなかったものの、数多くの企業から投資や融資の依頼が舞い込んでいた。

ある月を例にとると、まず不動産投資会社から6億円の融資の依頼があった。調査段階で担保となる物件に問題が見つかったため減額となったものの、4億円の融資が実行された。

その1週間後には、別の不動産投資会社に3億円。

さらに10日後には、飲食店チェーンを経営する会社に3億円。

1ヵ月に10億円もの融資。

この日も暴力団組織の男のもとには、その資金力を頼ってある経営者から連絡が入っていた。事業のために、1億円ほど融資してほしいという不動産投資会社からの依頼だった。

都内のあるホテルのロビーラウンジで待ち合わせをするというので同行した。ほかの社員にはこの融資の話は知らせていないため、会社内ではなく外で会いたいというのが不動産会社社長の希望だった。

人工的な滝が流れ落ちるロビーラウンジの円形のテーブルで、男と相手方の社長が向き合った。社長は、真面目で堅実そうな人物だった。ネイビーのスーツに白のワイシャツ、紺系の地味なネクタイを締め、暴力団と関係を持つ人物には見えない。

男は、座るなり、ずばりと切り出した。

「あのー、うちのほうではですね。融資金額、1億5000万円です。1億5000万。どうでしょう」

「ええ、1億5000でしたら、ぜひ、お願いします」

「現金がよろしいでしょう？　現金でね。分かりました、分かりました。融資は、明日にしますか？」

　経営者以外には、けっして知らされることのない、暴力団とのつながり。私たちのすぐ近くにも、密かに暴力団とのつながりを持ってしまっている人がいるかもしれない。そんな恐怖を感じた瞬間だった。

アンダーグラウンド

　今回の取材では、ほかにも何人ものブラックエンジェルに出会ったり、すれ違ったりしている。そのなかでも、さまざまな投資・融資案件に、数限りなく登場する人物がいた。その人物は、複数の暴力団組織の資金を運用する男として、警察がマークする人物でもあった。その人物と接点を持つ、ある証券ブローカーが言う。

「あの人に頼めば、急ぎのカネがいくらでも用意できる。5億円くらいなら、一晩で用意できるのではないか。その代わり、融資を受けた際の金利はべらぼうだ。まさに暴利。月30パーセントというときもあるそうだ。返済時には感謝の気持ちとして何パーセントかの上乗せを暗に要求されるという。その気持ち次第で、次回も資金提供してくれるかどうかが決まる」

暴力団の世界では、組織や人物の名前を直接呼ばずに、本拠を置いている地名、事務所を構えている地名で呼ぶことが多い。たとえば、「山口組」本家は「神戸」。六代目の司忍組長を出した「弘道会」は「名古屋」などという。

その人物の符丁も、かつて事務所を構えていた東京都心の地名にちなんでいた。そして、皆が「会長」と呼んでいた。

その人物が出席するというパーティーが開催されるという情報を聞きつけて、接触を試みた。

場所は、六本木のど真ん中。大勢の酔客と、それを付け狙う外国人の客引きでごった返す。1台5000万円近くするといわれる世界最高の高級車、ロールスロイスが、店に横付けされた。しかも、3台並んでである。

そのうちの1台の後部座席が開けられると、ひとりの人物が降り立った。「会長」と呼ばれる男だ。パープルやゴールド、ピンクのドレスに身を包んだ若い女性たちが寄り添う。いずれも20代と見受けられるが、息を呑む美しさだった。若さだけではなく、大人の色気も漂ってくるような女性だった。

パーティーに参加した会社経営者の知り合いとして会場に入った。そこで目にした光景は、驚かずにはいられなかった。

テレビで見たことのある俳優が、一段高いステージで、マイクを握ってスピーチしていた。さらに目を横に向けると、カウンターにも見覚えのある俳優。そして最も驚いたのが、奥のソファに座っていた人物だった。

よく顔の知られた現役の国会議員が、そこにいた。

「会長」と呼ばれる男と国会議員は会場全体を見渡せるソファに並んで座り、その周りには、先ほどロールスロイスから降り立った美しい女性たちが取り巻くように座っていた。参加者のほとんど全員が、代わる代わる「会長」と呼ばれる男のもとを訪れ、シャンパンやワインを注ぎながら、「いつもお世話になっております。ありがとうございます」などと挨拶していくではないか。

暴力団、芸能人、そして政治家。日本のアンダーグラウンドの世界が、目の前に広がっていた。そのつながりが、ヤクザマネーで結ばれたものだということは、もはや言うまでもない。

「日本経済の潤滑油」

暴力団と政治家のつながり。それは、80億円の資金力を持つ暴力団組織の男の話でも飛び出した。平成20年3月、男と再び会う機会があった。番組を書籍化するということを伝えるのが目的だった。

ちょうどそのころ、当時の日本銀行の総裁人事をめぐって、激しい国会論争が巻き起こっていた。参議院での第一党は民主党で、与党の自民党や公明党の思いどおりに事は運ばなくなっている。今年は大きな選挙があるかもしれないという話をしていたときのことだった。

「選挙前は、また忙しくなるよ。想像つくでしょ。バッジを担保に、多くの方がいらっしゃる。選挙に勝ちますから、選挙資金をお願いします、なんて究極の先行投資だ。勝てば議員先生、負ければ、ただの人なんだから。誰もカネは出さないでしょう。そうなると我々に頼らざるを得ない先生方もいるのではないか」

私たちが取材していたこのころにも、政治家に融資する機会があったという。平成19年は、4月に統一地方選挙、7月に参議院議員選挙と、全国規模の大きな選挙が相次いで実施された年だった。こうしたなかで、政治家が選挙資金に困ってその秘書たちが暴力団組織の男の事務所に来ていたというのだ。

そして、男は、ヤクザマネーが日本経済のなかで、どのように動いているのか、語りはじめた。

「まあ、日本経済の潤滑油ですよ、潤滑油。我々のカネによって助かった人はいっぱいいるでしょ。現にきれいな顔して、新興市場に上場しているところは、ずいぶん、お世話させていただきましたよ。それは議員先生も同じことだ。規制緩和があったでしょ。いろいろな新興市場もできたでしょ。これも、ひとつのブームですよ。これに我々はうまく乗っているということですよ。国が政策を取ったから、需要があるのは事実ですよね」

白昼のビジネス街。

アタッシェケースを持って歩くひとりの男。

80億円の資金力を持つ暴力団組織の男だ。

なかには、暴力団の資金、数千万円が詰まっている。

番組の冒頭にこうナレーションをつけた。行き交う人ごみのなか、男の後ろ姿は、ほかの通行人に隠れては見え、見えては隠れを繰り返しながら、雑踏に溶け込み、消えていく。暴力団がヤクザマネーを携えて、私たちの社会のなかにいつの間にか入り込んでいく、そして見えなくなっていることを象徴するシーンだと思った。

まるでヤクザマネーが、株式市場やベンチャー企業に次々と流れ込み、その姿が見えなくなっているのと同じように。

暴力団の資金と分かっていても、直接、投資や融資を求めてやってくるベンチャー企業は後を絶たない。そこから浮かび上がってきたのは、ヤクザマネーに蝕まれていく、社会の姿そのものだった。

第三章　ヤクザに生き血を吸われた会社

タブー

株式市場に浸透するヤクザ、投資ビジネスに進出する「シノギ」。その背景にあるのが、ここ数年の投資ブームだ。

インターネットによる株取引の拡大で、投資はより身近なものになった。メディアでは投資で巨万の富を手にした学生や主婦、サラリーマンの成功秘話が取り上げられ、書店には投資術の本が並んだ。

老夫婦はなけなしの貯蓄を投資に回し、引退後の生活を少しでも豊かに過ごそうと考えた。主婦はへそくりを元手に生活に華を添えようとした。高級外車を乗り回し、投資で得た何百億円ものカネを宇宙旅行につぎ込む「成功」した若者たち。きらびやかな生活は誰にとっても夢ではないように思われ、投資ブームに拍車をかけた。

貯蓄から投資へ。市場に流れ込んだ個人投資家たちの莫大なカネが闇社会に狙われていた。

ブームの陰で蠢《うごめ》く闇の勢力の存在はたびたび噂されてきた。

株取引の情報が無数に交換されるインターネットでは、「ヤクザ銘柄」などという言葉が飛び交った。不自然な値動きを繰り返す銘柄、得体の知れないファンドが登場する銘柄。怪しげな取引が見つかると、暴力団や仕手筋の存在が必ず囁《ささや》かれた。

この手の噂を繰り返し読んでいると、その存在を知った気になってくる。だが実のところ、そのほとんどは真偽の程が曖昧《あいまい》で、暴力団の関与を具体的に暴露した実証例はきわめて少ない。当然といえば当然で、すぐにばれてしまうようでは、継続的な「シノギ」にはなり得ない。当局の目を逃れ、気配を消し去りながら表の経済に密かに浸透する暴力団。その手口の巧妙さは、暴力団捜査のプロである警視庁にとっても厄介なものになっている。

「暴力団の姿は我々にも本当に見えなくなってきている。最近の暴力団は普通の企業の皮をかぶっている。さまざまな形で一般の企業に入り込んで、商取引を仮装する。そうして表向きは一般の個人だとか、企業の活動に見せかけている。

そうなると誰がどこで何をやってもこちらはつかめない。少し前までは経済活動を仮装するのは一部の暴力団に限られていたという印象だったが、いまは言ってみれば誰でも手を出す。それだけ広く、金額も大きくなっている」

暴力団の姿がこれまでにもまして見えにくくなっている現状を警視庁のベテラン捜査員は

こう語っていた。

現役の刑事の経験と人脈をもってしても、暴力団に辿り着くことが難しくなっているのだ。

だが、これまでの章で見てきたとおり、暴力団は間違いなく証券市場や投資ビジネスに乗り出している。証券市場は資本主義経済のインフラであり、企業の血液ともいえる資金が流れている。それがもし闇勢力に汚染されてしまえば、血液の流れは止まり、機能不全になってしまうかもしれない。

ヤクザマネーはいったいどれだけ市場に浸透しているのだろうか。経済全体にどのような影響を与えているのか。今回の取材では、その検証が大きなテーマとなっていた。そのためには、暴力団そのものに密着するいわば裏側からのアプローチだけでなく、市場や企業という表の世界からヤクザマネーというタブーに切り込んでいくことが必要だった。

共通点

ＩＴ企業、不動産会社、コンサルタント会社。インターネットや雑誌で、暴力団の関与が取り沙汰されたことがある上場企業は意外に多い。取材のとっかかりは、巷に溢れる噂だった。

記者仲間の間では、「公表資料で事実の80パーセントは分かる」といわれている。あらゆる取材に共通することだが、公表されている情報の収集と分析をないがしろにしてはならないという、いわば経験則である。何事も基礎固めが重要なのだ。経験則に従って、まずはネットや雑誌で流れているほぼすべての噂に関して、手に入る限りの資料をかき集め、真偽を確かめていく作業に取りかかった。

経営者や事業内容は、法務局で入手できる法人登記簿の写しで知ることができる。経営状況や株主については、上場企業が金融庁に提出した有価証券報告書や、株主が提出した株式の大量保有報告書でチェックする。各企業が発表している投資家向け情報や株価の動きも精査して、一つひとつの噂を検証していった。

この手の作業で大切なのは、洗い出した関係者らの情報をクロスチェックしておくことである。それによって意外な共通点が判明し、その後の取材の貴重な道標となる場合がある。

事前の調査で気付いたのが、闇勢力の関与が囁かれたケースの多くで、企業が増資を実行しているという共通点だった。

増資とは、企業の資金調達方法のひとつで、企業が投資家に新たな株を発行する代わりに、株に見合った資金を出してもらうものだ。これにより、企業は事業に必要な資金を借金という形を取らずに調達でき、投資家は新たな株主として企業からその利益を受けられる。銀行からの融資に頼れないベンチャー企業がよく使う手法だった。

ほぼすべての噂に共通するストーリーとは、闇勢力がこの増資の仕組みを利用して企業に入り込み、市場で不正を働いているというものだった。投資家の皮をかぶって企業に近づき、大量の株を安く引き受けた後に、株価操作などの不正を働いて高値で売り抜ける。こうしたケースは、「ネオ仕手」や「ＭＳＣＢマフィア」などと呼ばれるいわば現代版の仕手筋グループの典型的な手口といわれていた。

事実、怪しげな増資をした企業を調べていくと、別々の案件なのに最終的に同じ会社や人物に辿り着くことが何度もあり、これらのグループの存在が感じられた。

公表資料だけでは、本当に闇勢力が関与しているかどうかは判断できないが、それは別にしても、数多くの上場企業で首を傾《かし》げざるを得ない経営が行われていたことには驚かされた。

「暴力団のことは暴力団に訊け」

基礎調査をすませると、取材の対象とするケースの絞り込みに入った。浮かび上がったすべての企業について取材を深めることは、時間的にも人員的にも無理だ。このため関係者へ直接取材をかけながら、いくつかのケースのなかから、「暴力団そのものが関与している可能性が強いもの」を選び出さねばならない。

ところが、これがそう簡単ではなかった。増資を引き受けていた投資家なりを追いかけていけば、仕手筋やブローカーの存在までは何とか辿り着くのだが、そこから先がなかなか判然としなかった。暴力団捜査のプロでさえ難しいのだから予想はしていたが、それにしても暴力団の関与を具体的に示す情報は簡単には集まらなかった。

「あの案件にはどの暴力団がカネを出している」という噂は山ほどあったが、いずれも伝聞で具体性に欠けていた。いくつものケースが浮かんでは消えるなか、直接のきっかけをもたらしたのは、「その筋」の人間だった。「暴力団のことは暴力団に訊け」というわけだ。

兜町近くにある居酒屋のカウンター。

株取引の街らしく、午後5時だというのに店内はすでに混みはじめていた。隣に座って食事をつまんでいたのは、元暴力団幹部の男だった。いまは投資の仕事をしているという。暴力団からは数年前に足を洗ったというが、長身のがっちりとした体軀、オールバックに纏《まと》め上げた髪、そして低い声には威圧感があった。

しばらく兜町の裏事情や他愛もない噂、情報のやりとりで会話をつないでいった。まずはこちらの自己紹介もかねて、ある程度事情を知っていると相手に知らせることが大切だった。こういうときに下調べが役に立つ。はじめて出会った相手に突然「ヤクザ絡みの案件を教えてくれ」と言ったところで、懇切丁寧に話をしてくれるような親切な輩《やから》は兜町にはいない。情報はカネ、どんな話もタダではないのだ。

どうということはない内容の会話がしばらく続いたが、そうしたなかでも男がただ者ではないことが分かった。株取引と闇社会に関するあらゆる情報に精通し、しかも一つひとつの中身が具体的なのだ。どうやら元暴力団とは言いながら、実際はいまも現役とかわらぬ人脈を保っているようだった。お互いの力量を計り合ったところで、本題を切り出した。暴力団の関与の噂が絶えなかったある会社の名前を出したのだ。すると男はこの日はじめての薄笑いを浮かべた。

「なかなかいい線を突いている。実はその会社の増資に乗らないかという話は、俺のところにも来た。ある組の組長が相当な金を積んでいるという話だったが、俺とは筋（系統）が違う組だったから断った。足を洗ったとはいえケジメは大切にしている。だが、あの会社でいい思いをした稼業（暴力団）の人間は何人もいるはずだ」

その会社の名は「ゼクー」。

東京証券取引所の新興市場、マザーズに上場し急成長していた飲食店チェーンだ。そしてマザーズで最初に倒産した会社でもあった。

不可解な倒産劇

ゼクーは昭和56年に石川県・金沢市で設立された。地方の小さな飲食店チェーンだったが、平成に入り成長の軌道に乗った。安価で豊富なメニューを揃え、家族で楽しめる居酒屋という新しいスタイルの店を始めてから、店舗が急速に増えていった。

平成15年2月、「ベンチャーブーム」の追い風に乗って、東証マザーズへの上場を果たした。投資ブームの火付け役ともなった新興市場東証マザーズは、ベンチャー企業の育成という国の方針のもと平成11年に誕生した。既存の市場に設けられていた資本金や業績に関する上場基準が大幅に緩和され、上場時の実力よりも「成長可能性」が重視される新しいタイプの市場だった。上場しやすくすることで、若く小さな企業でも市場から幅広く事業資金を調達できるというのが特徴だ。

ゼクーが上場した当時は投資ブームの最盛期ともいえる時期だった。新興市場はさながらマネーゲームの様相を呈し、ライブドアに象徴されたように、時に企業の実力を大幅に上回る株価が形成された。経営者や投資家は、跳ね上がった株価をもとに短期間で莫大な富を手にし、メディアの注目を集めては、さらに巨額の資金が市場に流れ込む――そうした循環が拡大しながら続いていた。その舞台にゼクーも躍り出たのだ。

ゼクーは大阪駅前の巨大なオフィスビルに本社を移転。店舗数は数年前の倍以上となる90に増え、年間の売り上げは50億円、社員も急速に増えていった。

当時制作された社内向けのビデオでは、20代の従業員たちが笑顔と涙で仕事の達成感を語っている。ほかのベンチャー企業と同じように若い力が、成長の原動力となっていた。

ところが、上場からわずか2年後の平成17年6月、ゼクーは突如倒産した。倒産のわずか半年ほど前、株価は連日のストップ高で、最高値を付けていた。その裏で36億円もの使途不明金が社外に流出していたのだ。成長著しいベンチャー企業の雄の突然の転落。あまりに不可解な倒産劇だった。

闇の入り口

兜町で会った元暴力団幹部の男は、「会社の増資に乗らないか」と誘われたことがあると話していた。順調な成長を続けていたはずのゼクーの増資話が、闇の住人ともいえる元暴力団幹部のもとへ舞い込んでいたのだ。増資によって闇が企業に潜り込む。男の話は、その典型的なパターンでゼクーが闇勢力と接点を持った可能性を強く示唆していた。

ゼクーは平成16年に大規模な増資を2回にわたって行った。特定の投資家に新株を発行して出資を受ける「第三者割当増資」と呼ばれる方法で、運転資金や新規事業の開発に必要な資金を調達するというものだった。

当初の会社の発表によると、ゼクーは5月に都内の投資会社P社に3万株を発行し、9億6000万円を調達。続けて8月に農業系の法人と漁業関連会社に合わせて3万株を発行し、14億5000万円を得ていた。会社の発行株は、3ヵ月あまりの短期間に倍に増えていたが、これによってゼクーは24億円の資金を手に入れ、新株は出資した3つの法人が安定的に保有するなどとしていた。投資会社と農業系法人・漁業関連会社、そして居酒屋チェーンであるゼクーという取り合わせは、ごく自然なものだった。

ところが、この会社の説明が、その後二転三転する。発表内容の訂正に次ぐ訂正で、最終的に落ち着いたのは、安定株主だったはずの3つの法人がいずれも増資の直後から株を手放していたという内容だった。

そのころの株の大量保有報告書によれば、3つの法人のうち投資会社P社は保有する株をヴァージン諸島のファンドに担保として差し出していた。農業系法人の株は23の会社や個人に、漁業関連会社の株は2つの投資会社の所有となっていた。3つの法人は安定した株主として会社の成長を見守るどころか、株を手に入れた途端、さっさと別の誰かに譲り渡していたというのだ。

これは明らかにおかしな取引だった。

3つの法人は表向きの株主として用意されたダミーか隠れ蓑《みの》である疑いがあった。新株を譲り受けていた株主に、株の流れを不透明にしなければならない何らかの理由か企みがあるという線が強まった。

真の株主

増資のからくりを明らかにするため、取材班は新株を譲り受けた株主をあたっていった。東京から千葉、群馬まで足を延ばし、一人ひとりを訪ね歩く地道な作業だ。住所が分からないものは、同姓同名のなかから関係ありそうな人物をピックアップし割り出していった。大豪邸や上品な住宅地の一軒家から、下町のアパートの一室、無人の事務所まで、訪ね先はさまざまだった。目標の人物に会える確率はそう高くはなかったが、会えたとしても「知らない」とか「名前を勝手に使われただけ」と答えるだけだった。

取材拒否が相次ぐなか、取材班はひとりの株主に注目していた。クロスチェックで別の

「ヤクザ銘柄」にも株主として名を連ねていた、ある意味いわくつきの人物だった。

その男性は都内のある住宅地に住んでいた。駅からはかなり遠い古い2階建てアパートの1階に手書きの表札が出ていた。上場企業の大株主というイメージとは程遠い生活ぶりに違和感を覚えた。数日の張り込みで本人と思われる男性の存在を確認したうえで、その場でのインタビューに備えてハンディカメラを用意して取材に臨んだ。取材は一発勝負になる可能性があった。

初夏の早朝、ゴミを出すために部屋から出てきたところを話しかけた。歳は60前後だろうか。背は低くやや太り気味で、とうてい、暴力団とつながりがあるような人物には見えない。やんわりとこちらの素性を明かし取材の趣旨を告げた。

男性は一瞬たじろいだ様子だったが、すぐに気を取りなおして話を聞く姿勢を見せた。そして意外なことに笑顔を見せて答えた。

「ゼクーのことは知らないんです。そもそも自分は株をまったくやらないですから」

明らかな嘘だった。男性は本人であることを認めていた。この住所に住んでいるその名前の人物は、株主の欄に確かに載っていた。その事実を告げながら、少しでも話を聞かせてほしいと説得を重ねた。すると男性は口を開いた。

「しばらく忙しいんでね。来週なら時間が取れますよ。オフィスはここです」

差し出された名刺には、横文字の投資会社の名前の下に、「代表取締役　磯崎保（仮名）」と書かれていた。

数日後の、約束の日。都心にある投資会社近くの交差点で待っていると、不意に話しかけられた。

「ＮＨＫさん？」――。振り向くと、アパートにいた男とはまったく別の男が立っていた。長身、ひと目で高級と分かるスーツを着こなし、手には銀の大きな指輪をはめている。

「磯崎はあの件には詳しくないんでね。私が代わりに話しますよ」

思わず身を硬くした。アパートの男性の背後に隠れていた裏の男。違和感の正体はこれだった。

ブローカー

「企業にカネを工面して、手数料を得るのが仕事です。金融ブローカーと言われれば、まぁそうですよ」

応接室のソファにどかっと腰掛け、長い足をもてあますようにして、高木（仮名）と名乗る男は自己紹介した。周囲の目を警戒して、取材は東京・千代田区にあるＮＨＫの施設に場所を移して行われた。

「何でまたNHKがゼクーの件なんて調べてるんです？」

高木の質問には答えず、まず株主名簿にある磯崎の名を示しながら2人の関係を問うた。いつ逃げられるか分からない。向こうのペースに乗ってはならなかった。

「私たちみたいな仕事をしている人間はね、自分の名前は表には出さないもんですよ。危ない橋を渡ることもありますからね。自分の銀行口座も、株の口座も持たない。代わりに磯崎の口座を使っているんですよ。名義を借りている、と言えばいいのかな。だから株や金融の世界では、私が磯崎であり、磯崎が私なんです」

高木は事もなげに言い放つと、名簿を指差して続けた。

「ここに名前のある人たち。全員とは言いませんが、あなた方が考えているような株主じゃないですよ。いろいろ事情があって、情報開示しなきゃいけなくなったときに、適当に書いただけですよ」

3つの法人ばかりか新株を譲り受けた株主もまた、本物ではないダミーだというのだ。つまり、真の株主を隠すためのバリアーが少なくとも二重に張られていたということだった。第1のバリアーが、最初に増資の時に大株主と発表された3つの法人であり、第2のバリアーが報告書にあった法人や個人というわけだ。どうりで虱潰《しらみつぶ》しにあたっても「知らない」

「名前を貸しただけ」というはずである。彼ら彼女らの多くはある意味嘘はついていなかった。ただ本当のことを知らなかっただけなのだ。

ではこの増資のからくりは誰が主導したのだろうか。目の前にいる高木なのか、何の目的でこのような虚偽の発表をする必要があったのか。

高木は一瞬答えあぐねるように天井を眺めたあと、こちらを向きなおってボソリとつぶやいた。

「絵を描いたのはね、私ではない。小川さんですよ、小川義之（仮名）」

小川義之。この手の業界では知らぬ者はいない、大物の金融ブローカーである。

高木に取材した時点では、別の経済事件で東京地検特捜部から指名手配され逃亡を続けていた。手配の容疑は証券取引法（いまの金融商品取引法）違反の「風説の流布」。株価をつり上げるため、あるＩＴ企業が虚偽の事業を派手に宣伝したというものだった。

事件が起きたのが平成14年。舞台となったＩＴ企業が倒産したのが、平成16年初頭。その数ヵ月後の5月から8月にゼクーの増資は行われており、小川は、舞台を乗り換えるようにゼクーに入り込んでいたことになる。

「小川さんがあちこちからカネを集めて、ゼクーに入れたんでしょう。小川さんのことだから、まともなところから引っ張ってきてないと思いますよ。だから、投資会社だとか、いろんな人を間に噛《か》ませて姿を隠したわけです。株を握って儲けようとしたんでしょう。小川さんはそういう仕掛けをする人なんです」

高木がこうした事実を知っているのは、増資後の平成16年秋に小川から、「ゼクー株を買い上げてほしい」と頼まれたからだという。その時に高木は小川から直接話を聞いていた。

彼らの業界では「買い上げる」とは、いわば株価の操作を意味するといい、特定の銘柄を目立つようにすることから「提灯を点《つ》ける」ともいわれている。会社が新規事業を発表したときなどのタイミングで注文を入れて「有望株」に見せかけ、一般投資家の買いを誘っておいて高値で売り抜けるというやり方だ。

ゼクーが上場していたマザーズなどの新興市場は上場会社の規模が小さいため、ある程度まとまった額の買い注文を出せばすぐに株価全体に影響する。このため、東証一部などに比べて株価を「いじりやすい」のだという。

高木は実際にゼクー株で何をしたかは語らなかった。ただ自分の役割は、小川の「代理」であったと打ち明けた。小川が自分で使える口座を持っていなかったので、代わりに高木が磯崎の口座を使って取り引きしたのだという。

「小川さんとは顔見知りですから、頼まれて『いいですよ』と応じただけですよ。カネも小川さんから預かって、それを元手に買い上げて、利益を上乗せして返した。少しは手数料をもらったかもしれないですけど、私は儲けてないですよ」

さらに詳しい話を聞こうと身を乗り出すと、高木はロレックスをチラリと見て牽制《けんせい》した。

「もうこれくらいにしましょうか」

喋《しゃべ》りすぎたと思ったのか、やんわりと話を打ち切り足早に消えた。

口を閉ざす経営陣

高木との接触では、それなりの収穫があった。

ゼクーの増資を裏で操っていたのが金融ブローカーの小川であり、「まともでないところ」から資金を集めたために二重のバリアーを張って姿を隠した。そして手に入れた株を高値で売り抜けて儲けようとしていたという。

だが新たな疑問も浮上した。

なぜ小川は増資に関与できたのだろうか。24億円の調達というのはゼクーにとってはかなり大規模な増資だった。それがブローカーの関与を許した挙げ句、得体の知れないダミー会社に、会社の命である株を大量に渡すだろうか。まともな上場企業であれば絶対にあり得ない。しかし増資は正規の手続きを経て実行されていたのだ。

可能性は2つあった。ゼクーが騙《だま》されたか、社内に協力者がいたかだ。

鍵を握っているのは、当時の経営陣、なかでも社長だった。24億円の増資はいずれも同じ社長のもとで行われていた。そしてゼクーの倒産のきっかけとなった36億円の使途不明金を発生させた張本人ともされていた。ゼクーが倒産直前の平成17年5月に発表した使途不明金の調査報告には、資金の支出は「必要な社内手続きを経ないで、社長の独断で実行され、回収可能性が低い」として、特別背任の疑いがあると指摘していた。また東京地裁も、破産管財人の申し立てを受けて社長に36億円全額の損害賠償責任を認めたうえで、支出が違法だと認定していた。

24億円を調達したはずの会社が数ヵ月後には36億円を失い倒産する——ゼクー内部で何かが起きていた。それが小川とゼクーのつながりを明らかにするヒントとなるはずだった。

だが、経営陣は口を閉ざした。取材に対し当時のことを語ろうとする者はほとんどいなかった。ある元役員は「思い出したくない」と話した。別の元役員は「怖くて話せない」と話し、「社長に聞いてくれ」と言って話を打ち切った。

社長は倒産の直前から行方をくらませていた。友人とも連絡をとらず、ゼクーの周辺から姿を消し去っていた。「つい最近、兜町の喫茶店で見かけた」といういささか心許ない目撃情報だけが、ただひとつの手がかりだった。

喫茶店での張り込みは5人の取材班総出で取りかかった。シフトを組んで、顔写真を常時携帯し、社長が現れるわずかな期待を胸に店で待ちつづけた。時には兜町の交差点で行き交う人の顔を何時間も見つめ写真の男を探した。1ヵ月が過ぎたころには、社長の新たな立ち回り先の情報も入り、二手に分かれての張り込みが続いた。砂漠で宝探しをするような途方もない作業だったが、取材班にとっては、社長はまさに情報の「宝石」だった。

暑さによる疲れとあきらめがプロジェクトルームを支配しはじめたころ、その時は訪れた。

手詰まり

携帯電話の向こうでその日の当番だった若手の記者が声を押し殺しながら叫んでいた。

「いた！　いた！　車で出かけた！」

時間は夜9時、急遽《きゅうきょ》呼び出したカメラマンと東京近郊の住宅地にあるマンションに車を飛ばした。夜10時を過ぎたころ、その車は戻ってきた。駐車場に車を停めて降りてきた男性。この2ヵ月間手帳に入れつづけていた写真の人物がそこにいた。

――社長。夜分にすみません。私はＮＨＫの記者です。ゼクーの件でお話をうかがいにきました。

ノーネクタイ姿の優しそうな面持ちをした小柄な中年の男性。こちらを向いた途端、明らかに動揺の色が走った。だが社長は、すぐに目をそらせ無視を決め込むように歩き出した。

この機会を逃してはならない。

一方的に質問をぶつけながら追いすがる。

社長はマンションの入り口でとうとうこちらに向きなおり、はじめて言葉を発した。

「あなたは誰に話しかけているんです？　その名前の人は誰ですか？　私は違いますよ」

一瞬、呆気《あっけ》にとられた。そんなはずはない、という言葉が喉まで出かかったが、そこでようやく社長の意図が分かった。

結局「社長」は、「別人」の一点張りだった。

少なくとも取材に応じようという意思が微塵《みじん》もないことだけは明確に感じ取ることができた。

完全に手詰まりだった。このときまでに取材先として表にまとめた関係者は１４３人。

しかし、ゼクー元役員のネタはつきかけていた。わずかに残っていたのは、倒産の前に辞めていたために後回しにしていた数人の元役員だった。だが、そこにきっかけは眠っていた。

「会社の倒産については、腹に据えかねている部分がありましてね、きちんと取材して調べてくださるなら、お話ししようと思います」――どのような取材でも助けになるのは、人の善意と正義感である。

ただひとり実名を明かして証言してもいいと名乗り出た元役員は、ゼクーが設立された金沢で、会社の成長を見守ってきた人物だった。

会社を追われた元役員

「遠いところを、ようこそいらっしゃいました」

ＪＲ金沢駅から車で15分。閑静な住宅街に、ゼクーの元監査役、山本国貞氏の自宅はある。

山本氏は銀行に長く勤め、定年後に地元の有望企業となっていたゼクーに転じた。丁寧な応対からも、実直そうな人柄が伝わってきた。

最初に尋ねたのは、社内で増資がどのように決められたのかということだった。

「社長のほうから、さらなる成長のためには資金が必要だ、と提案がありました。全国的にフランチャイズ店の展開を推進するには営業経費が増大する、新事業を展開していくためにも資金が必要であると。資金を出してくれる会社を、安定株主として迎えるという話だったので、全役員が納得して、何の違和感もなく応じたんです」

当時、社長は有能な経営者として外部から登用され、創業グループを継ぎトップに就任したばかりだった。自分の手で会社を大きくしたいという熱意を山本氏は感じたという。出資する会社も、ゼクーの将来性を見込んだ投資会社であり、将来的に食材を提供することも検討しているという農業系法人と漁業関連会社だと説明された。

山本氏以外の役員からも異論は出ず、第三者割当増資は議決された。

しかし、2回目の増資が終わった平成16年秋、山本氏は経理担当の社員から驚くべき事実を告げられた。

「社長の指示で、正規の手続きを取らずに多額のカネを社外に振り込んだ。そのカネが戻ってこない」という。規定以上の額を支出するときは、稟議書《りんぎしょ》を提出し、山本氏を含めた役員の決裁を受ける決まりになっていた。会社のカネの出入りを記した「総勘定元帳」を調べてみると、確かに数千万、億単位の支出が次々に行われ、その時点ですでに総額20億円にのぼっていた。

増資で得たはずの24億円に匹敵する金額が、不明朗な取引によってその大部分が流出していたのだ。

「前渡し金とか仮払金とか、そういう名目の勘定科目の残高が異常に膨れ上がっていました。しかも、私たちが聞いたこともない弁護士事務所や会社に振り込まれていて、これは大変なことだぞと思ったわけです」

山本氏は、振り込みの経緯を経理の社員から聴取し、事実関係を突きつけて社長に抗議した。これに対して社長は、あくまで戻ってくるカネだと主張した。

「『業務提携や新規事業を進めるために時には緊急な支出が必要でやむを得なかった、前渡し金や仮払金だから戻ってくる』と言うんです。私は、これは絶対に許されないと、一刻も早くもとにもどすように言いました。そのときは社長も『分かった』と言っていたのです」

しかし、山本氏が抗議したまさにその日に、社長はさらに振り込みを命じていた。後になってその事実を知った山本氏は、社長の解任を提案する。ところがなぜか取締役会では、逆に孤立する事態に陥っていた。突然、「社長を信任するか否か」の挙手が行われ、山本氏以外の役員全員が、「信任」の手を挙げたのである。平成16年12月、山本氏は辞任に追い込まれた。

「怒り心頭に発しました。会社が危なくなっているというのに、まだ体裁を気にしていたんです。これは行くところまで行ってしまうだろうなと。と同時に、私も監査役という立場ですから、責任の一端を感じないわけにはいかない。一生懸命働いている社員や一般の株主に対し、申し訳ない気持ちでいっぱいでした」

それにしても20億円という巨額の資金が流出するまで気が付かなかったのはなぜなのだろうか。闇の存在には気付かなかったのだろうか。

「日常業務のなかで私たちの前に現れるのは、背広を着た普通のビジネスマンばかりで、疑いを抱くということはありませんでした。暴力団員風の人の出入りもないし、小川という名前も聞いたことはありませんでした」

小川の名前を聞いたことさえないという言葉には驚かざるを得なかった。小川は会社内部でもその存在をまったくかぎ取られていなかったということなのか。

社長がなぜ莫大な額を支出しつづけていたのか、会社に出入りしていた誰がどのような役割を担っていたのか、山本氏にはいまもって真相は分からないという。

「第二の人生で、成長著しい新興企業の役に立ちたいと思ってあの会社に入ったんですが、晩節を汚すことになってしまいました」

山本氏は、ポツリとつぶやいた。

山本氏だけではない。大勢の人たちが、人生を狂わされた。

闇に消えた事件

不透明な増資、それに続く資金流出。それに社内でかかわっていたのは社長であり、小川はいわば黒衣《くろご》として影響を与えていたのだろう――それが取材班の見立てだったが、社長が取材を拒否するなかで、裏付けは取れていなかった。残された手だては逃亡中の小川の周辺を洗っていくことだった。

小川が指名手配されたのは、ゼクー倒産の数ヵ月後の平成17年秋のことである。東京地検特捜部は、小川がゼクーの案件を手がけた後に捜査に乗り出していた。であれば、ゼクーの件に関して捜査は進められていなかったのだろうか。小川がゼクーに関与していたことはすぐに分かったはずである。

捜査当局の調べはどこまで進んでいたのだろうか。取材を進めると、意外なことが分かった。ゼクーの件については、小川を指名手配した東京地検特捜部ではなく、警視庁と大阪府警がかつて密かに捜査していたのである。

「どのような用件でしょうか。先輩から会ってくれといわれたので会いましたが、あまりお話しできることはないと思います」

ある民間企業に勤めるその元刑事は、挨拶をすませると先手をとって話を切り出した。丁寧ななかにも厳しさがにじみ出た応対に、長年身を置いていた経済犯罪担当の元捜査二課刑事の匂いが漂っていた。

細く優しい眼差しは微笑んでいるようにみえてこちらの本音を串刺しにするかのような鋭さを感じさせる。この元刑事こそ、ゼクーの捜査の直接の担当者だった。

用件を説明するのも早々に、この日のために準備してきたカラー刷りのA3判のチャートを机に広げた。警察取材では、こちらがどれだけ取材を詰めているかを提示することが有効な場合がある。

チャートには、それまでに取材したすべてを記していた。増資のカラクリとゼクーの資金流出の流れ、そして小川とゼクーを線で結び背後に小川がいたという見立てを反映させていた。チャートは、2回の増資と資金流出、そしてそれらを重ね合わせたものの4種類を用意していた。

元刑事は4枚のチャートを見比べながらしばらく見つめると、腕を組み目を閉じてじっと押し黙った。そしておもむろに目を開け話しはじめた。

「この事件はカネの流れが複雑怪奇だった。増資の資金はいったん会社に振り込まれているがその一方でさまざまな取引を絡めて流出している。捜査ではその流れを追った。だがこのチャートのように一見簡単な構図に見えたカネの流れが、実は非常に複雑に入り組んでいた。捜査は詰めた。社長の後ろに誰かいるだろうとは見立てていた」

だがそれは言えないという。肝心なところは微妙に答えをずらす言い方は現役の刑事のそれだった。そこまで聞かずともそれは小川に違いなかった。

しかし名うてのブローカーの存在を把握し、不透明なカネの流れを追いつめながら、なぜ事件にならなかったのか。質問を詰めていったが、そこから先はまったくカンを取らせなかった。カンを取らせないというのは、取材に対して心証を与えないことを意味する。元刑事は、口を開く気がない。今日はここまでということだ。

帰り際、席を立って礼を言うと、元刑事は微笑みながら一言付け加えた。

「申し訳ないが私にはいまも守秘義務がありはっきりとしたことは言えない。だがこのチャートには、違和感はないよ」

2つの壁

見立ては正しかった。

警察は2回の増資と資金流出を結びつけて、一連のカネの流れがカラ増資にあたるのではないかと疑っていた。複数の捜査員を取材した結果、判明した警察の見立ては次のようなものだった。

資金はいったん会社に入ったが、その後、社外に流出していた。増資資金は新株を手に入れるための見せガネだったとみられていた。このため実体のない増資を行う「カラ増資＝見せかけ増資」の疑いが持たれていた。

基本的な構図は同じだった。であればなおさら、立件していないことが疑問だった。結局「シロ」だったということなのか。

その答えを明かしてくれたのは、警察担当記者の取材先だった。この現役の刑事もまたゼクーの捜査に関与していた。

「事件になっていない最大の理由は小川と社長が飛んだからだ。カネの流れは確かに複雑だったがそれは問題ではなかった。カネの流れを洗った結果、支出の理由には嘘があり、架空増資と認定できる流れはあった。ゼクーは、我々から見てもカラ増資の疑いが強かった。だがその流れを説明できる人間は、2人しかいない。それが小川と社長だ。その2人がいなくなってしまった。それで保留になったんだ」

警察の捜査もまた、小川と社長という2つの壁に突き当たっていたのだ。

それからしばらくして再び元刑事のもとを訪れた。いくつか確認したいことがあったのだ。実は保留という判断を下した担当者こそ、この元刑事だったのである。

ひとつ目の疑問——警察は小川と社長のつながりをどう見ていたのだろうか。社長も確かに捜査対象になっていた。２つ目の疑問——その背後にいるであろう暴力団の存在はどこまで突き止めていたのだろうか。しかし答えは元刑事も持っていなかった。小川の背後にまでは捜査の手を伸ばしていなかったのだ。

往年の名刑事は最後に少しだけ本音をのぞかせた。

「それにしても社長にはよく会えたね。私たちのときには途中で逃げてしまい、その後は会えなかったよ。この事件はまだ時効にはなっていないはずだね。もう一度捜査してみたいものだよ」

肉声

全体像は見えていた。だが、まだ材料が足りなさすぎる。調査報道には、確実な証拠が不可欠だった。

そのテープの存在は、ちょっとしたきっかけから明らかになった。

取材で何度か接触していた事情通と小川の行方を噂していたとき、ふと相手の記憶がよみがえった。

「そういえば……」

聞けば小川が参加した会合を録音したテープがあるという。そのテープに記録されていた内容こそ、小川とゼクーのつながりを示す直接的な証拠となった。

テープはある打ち合わせの模様を記録したものだった。仲間うちと思われる数人の男たちが集まり、その場の会話が録音されている。録音状態は雑音が度々入りかなり悪かったが、それでも小川の声は十分に聞き取れる。甲高くてひときわ大きく口調ははっきりしている。

小川は机か何かをたたいて調子をとりながら、その当時の仕事を自慢げに披露しはじめた。それはゼクーの仕掛けの全貌だった。

重要な証拠となるので、少し長くなるが、なるべくそのままの形で引用する（カッコ内は筆者注）。

「（1回目の第三者割当増資が実行された5月）13日がゼクーの（新株）引き受けで、13時に払い込みで、前の日の夜6時に9億6000万くれって（いう話が自分のところに持ち込まれた）。それで××のところにいって……。ギリギリだよな」

続いて、小川が関与した背景が明かされていた。

「（1回目の増資を引き受けた投資会社P社が、ゼクーの）オーナーになるのに、新社長を入れたじゃん。社長に就任したけど株がないから筆頭株主になるために約5割くらいの株を新株発行した。その話がつぶされたらさ、会社追い出されるわけよ。だからもう（自分に）任せますって話になって、それで会社ごと一応……、全部取らせてもらいますということにして、（資金集めを）やった」

　会話を抜き出しているのでややこしいが、整理するとこうなる。

　増資に参加した3つの法人のうち実は投資会社P社だけはダミーではなく、事実上は社長と一体となっていた。両者は増資によってゼクーの大株主となり実質的なオーナーになることを計画していた。そのためにゼクーから「約5割くらいの株」を新しく発行させようとした。

　ところが、何らかの理由で計画が狂い増資を完了させるために必要な9億6000万円の資金を用意することができなくなった。この話が立ち消えになったら、増資を進めた社長の立場は悪くなり、会社から追い出される事態も想定された。

　そこで、増資の期限の直前になって小川にカネ集めを任せたというのだ。

　話はさらに続く。

「会社（ゼクー）のカネ、自由になるんやもん。6月まで辛抱すれば、会社のカネ自由になる。なぜかといったら、6月の株主総会で役員全部入れ替えちゃうから。こっちの自由

（が）きく役員入れ替えちゃうから。だから、（自分がこれまでに仕掛けてきた）○社のときよりも、△社のときよりもいじりやすいんだよ。（中略）筆頭株主になって会社取れちゃったから、ゼクーのオーナーになってるんだから」

小川は、自由になる会社のカネは「30億円以上」だと語っていた。倒産までにゼクーから流出した資金は36億円にのぼり、数字だけを見ればぴったり符合する。

そして小川は手にした新株についての計画も明らかにしていた。

「（株価が）8万円平均で売れたって、10億抜けるか抜けないか。（中略）いま、（株価は）8万だよ。もっと手を入れたら12万くらいすぐになるということが判明したんやもん」

手にした株をすぐに売っても10億円は儲かる、しかし「手を入れたら」莫大なカネが転がりこむというのだ。「手を入れる」というのが何を意味するのかはここでは語られていないが、金融ブローカーの高木が証言したように、新規の事業提携などを打ち上げながら、提灯を点けて有望株に見せかけ、株価をつり上げたところで売り抜ける、というのもそのひとつだろう。事実、小川は指名手配された事件でも似たような手口を使っていたとされている。

仲間うちでの会話という気安さからか、小川は増資を機にゼクーの「陰のオーナー」となり、会社のカネを自由にしようとしていたことを明け透けに語っていた。

テープの入手は取材陣を勢いづかせた。この証拠を手にもう一度社長にあたろうとしていたそのとき、予想もしていなかった出来事が起きた。

狙われた欲望

「小川が逮捕された！」

平成19年秋。

プロジェクトルームに突然もたらされた一報に、そのとき部屋にいたメンバーは文字どおり飛び上がって驚いた。

手配から丸2年。逃亡を続け死亡説まで流れていた小川が、東京都内に潜伏していたところを発見され指名手配の容疑で逮捕された。時効まで残り1ヵ月に迫ったぎりぎりのタイミングでの逮捕だった。

小川の逮捕に、取材班のメンバーはいずれも複雑な思いを抱いた。ゼクーの背後に蠢く暴力団の存在を追うことが目的ではあったが、それでも小川はやはり主役には違いなかった。取材班はそれまで半年以上にわたって小川の行方を追い続け、知人を辿って地方にも度々取材に出向いていた。このときも、「最近小川と話した人物がいる」という間接的な情報を聞きつけて、なんとか連絡を試みようとしていた矢先だった。それが逮捕によって連絡をとること自体が困難な状況になってしまったのだ。

だが、逮捕は期せずして取材の追い風となった。このころになると、闇の住人の間では、NHKがゼクー案件を掘り起こしているという情報がじわじわと広がっていた。そこに小川の逮捕が重なったことで、ある疑心暗鬼が芽生えたのだ。

「NHKが調べているということは、ひょっとしてゼクーの件も立件されるのではないか」

——こうした雰囲気にあぶり出されるかのように、その男は再び姿を現した。

「言いたいことは2つだけで、取材に応じる気はないということ、そしてゼクーの件では抗弁も言い訳もする気がないし、あなたたちに説明する必要もないということです」

待ち合わせ場所となった平河町のホテルのラウンジに現れたスーツ姿の社長は、あの真夏の夜と同じように、少し上ずったような声で話しはじめた。住宅地での接触以降、直接的な取材はひかえていたが、人を介して間接的に打診を続けていたのだ。

そして再度の直接取材を計画していたところ、社長は面会を承諾した。

質問に対する社長の答えは予想どおり曖昧なものだった。取材は、経緯を振り返りながら一つひとつ質問を重ねるかたちとなった。

——すべての発端となった1回目の増資。

「私が経営を引き継ぐ前の旧経営陣のころから、株をめぐっていろいろな動きがあるなかで、新たに株主をつくることで、状況を安定させようという気持ちだったんです」

小川がテープのなかで語っていた内容は、増資を引き受けた投資会社P社とまだ就任したばかりの社長が一体となって自らゼクーの大株主となることで、実質的な支配権を握ろうと計画していたというものだった。これに対して社長はあくまでも経営の安定が目的だったと説明した。

ではなぜ小川のようなブローカーに頼ったのか。それまでの取材でP社と社長が小川を頼るまでには、多少なりとも経緯があったことが判明していた。

P社と社長は当初は自分たちで資金を集める計画で、その金主つまり資金元も内定していた。ところが、増資の手続きが進む過程で、ゼクー側のあり得ないミスが発覚した。新たに発行する株券の印刷が手配されていなかったのだ。これがきっかけとなって内定していた金主が降りてしまった。

途端に資金に行き詰まり、一気に計画が狂ってしまったのだ。

実はこれとほぼ同じ内容は、社長が自筆でしたためた「上申書」という文書に記されていた。文書の写しも、すでに手に入れていた。だが社長は、このとき小川とつながったのは自分ではなく、資金を調達していたP社だと主張した。

「もともと小川さんのことは知っていましたが、このときに頼ったのは私ではないですよ。

株主だった方（P社）が資金集めのために動かれて、小川さんから紹介されたところから借りたという認識です。株券を出せなかったのは、担当のチョンボです。私からしてみれば増資を決議した時点で担当が手配するのが当たり前ですよ。いちいち指示する必要はありません」

P社にはすでに取材していたが、P社の代表は「小川と社長に騙されたというほかない」と話していた。両者の主張は食い違っているが、責任のなすり合いのようにも聞こえる。

こちらの質問が具体的なためか、社長は取材に応じないと言いながらひととおりの対応をしていた。頃合いを見計らって、資金流出の疑惑に切り込んだ。

——これはカラ増資ではないか。

「その言葉には違和感を感じますねえ。資金が還流していたという認識はありません」

増資資金が会社を素通りしただけで金主のもとに還ったという「認識」はないという。これは社長自身がかつて上申書で明らかにしていた内容と微妙にずれていた。上申書では資金流出の経緯を説明していた。その内容を要約すると次のようになる。

小川から紹介された新たな金主は、貸付にあたってある条件を提示した。それは株券が発行されるまでの間、貸付相当額の金額を振り込んだ普通預金の通帳を担保に差し入れろというものだった。カネは貸すが、貸したカネと同じ金額分の通帳を担保に差し出せとは通常では理解しがたいが、社長側はこの条件に応じていた。さらに社長は小川が持ち込んだ新規事業の誘いにも乗り、そのための資金を新たに小川に預ける形で振り出していった。だが、預けたカネの額があまりにも膨らんだため、社長は決算をむかえるにあたって小川に返金を求める。ところが小川はいっこうに返金に応じなかった。こうして戻らないカネが出来てしまったという。

この上申書の内容は関係者の証言ともおおむね一致していた。カネの流れだけを見ると、小川側から入ったカネが、小川側に戻っているカラ増資に見える。

これについて社長は被害者のような口振りで釈明をはじめた。

「増資のときに担保として預けたカネは会社に戻してから、ほかの名目、新規事業の費用として支出しました。事業の拡大を考えていましたから。そのカネも新規事業を進めるために必要な資金として預けたので戻ってくると思っていましたし、そのときは小川さんも戻すと話していたのです。確かに社内で正規の手続きをふんでいないということはありましたが、ゼクーでは以前から社長の一任決裁ということがありました。結果として戻らないカネをつくってしまったと言われればそうですが、当時は戻ってくると思っていたのです」

だから金主に還流させたという認識はなく、カラ増資でもないという。しかし結果として「戻らないカネ」は36億円にまで膨れあがり、ゼクーは倒産した。たとえ騙されていたのだとしても、社長の判断はあまりにも甘く、責任はあまりにも重かった。

「破産せざるを得ない状況を作ったことは事実で、そのことに対しての責任は真摯《しんし》に受け止めます。ただ私の気持ちとしては、会社を残したい、事業を守りたいという気持ちだったのです」

社長はゼクーに入る前、ある別の有名企業で取締役を務めていた。友人によると、社長は事情があってその企業を辞め、ゼクーのころには経済界での再起を狙っていたのだという。おそらく当初は、山本元監査役が話していたように真剣に会社を発展させようと思っていたのかもしれない。しかし結果としては、不正が疑われる行為にまで関与してしまっていた。社長の口から発せられる言葉を聞く限り、その重大さを認識しているようには感じられなかった。

自らの再起、上場企業の社長としての地位と名声。経営の失敗の陰に見え隠れする「欲望」が、むしろ闇に狙われる隙をつくっていたように思えた。

めくれはじめた闇

関係者の間にはその後もゼクーが再び立件されるのではないかという疑念がくすぶり、表からはまったく見えなかった闇の住人たちもぞもぞ動きはじめていた。そして小川の背後に潜んでいた暴力団の姿も、おぼろげながらそのかたちを見せはじめていた。

木下（仮名）と名乗る金融関係の男性から話を聞いたのは、10月の初旬だった。何人もの仲介者を介しての紹介で、小川とは10年来の知り合いというふれこみだった。

その言葉どおり木下は旧知の小川からゼクーの仕掛けの全貌を詳しく聞いていた。自身は事件には関係していないという気安さからか、微に入り細を穿《うが》ってよく喋った。

「ゼクーの資金調達では、2回の増資のうち7割くらいが暴力団関係のカネだと思いますよ。そのカネは、暴力団から小川さんを経由していったんは会社に入るわけなんですね。そしてその後に会社から何らかの形で出して、まあ、暴力団というか、おカネを出してくれたところに返っていくわけです」

2回の増資で会社に入った額は24億円。そのうちの7割といえば17億円になる。それが暴力団のカネだと思うと木下は話した。小川は暴力団のカネを利用することで実質的に自前の資金ゼロでゼクー株を手に入れ、それを売却して儲けようとしていたのだという。

さらに木下は具体的な暴力団組織の名前を出しながら、小川の役割と暴力団との関係を次のように説明した。

「仕掛け人」と「スポンサー」。

小川は舞台となる上場企業を見つけ、株を使った儲けの仕組みをつくって実行する。暴力団はそのための資金を出すスポンサーだった。そして儲かった利益を両者で分け合うというわけである。

小川は特定の暴力団の下で動いていたわけではなかった。自分が考えた仕掛けをあらゆる暴力団組織に持ちかけ、折り合いがついたところから資金を調達していたという。そのつながりは、親分子分という擬似血縁の意識でも縄張りという一種の保護装置でもない。「カネ」だけであった。

「もともとタダで取得できた株なんだから、株価が上がればさらに儲かるし、そうでなくても株を叩き売れればその分利益になるなっていうところじゃないですかね。そしてその儲けを小川さんと暴力団で分配しているっていうような形でしょう。こんな堅い商売はないっていう感じでしょうね」

木下の言うとおりだった。

上場企業という器を使った錬金術が繰り広げられていた。

弁明

「ゼクーの問題点としましては、社長と投資会社P社が経営権を収得するために高利の資金を使い（中略）、決算の都度帳尻あわせのための借金を繰り返し、それらの返済をするにあたり自分が入れた役員の承諾を得られなかったため仮払いという形態を取り、その金利払いを続けたため1年間にわたり相当額の損失が生じたことが主因と考えられます」

小川が記したという文書の一節である。

「株式会社ゼクーに関する経緯報告書」と題された文書は、Ａ４判の紙25枚にのぼり、末尾に住所と小川の氏名が記されていた。大阪府警の内偵（事件化する前の捜査）が進められていた当時に、自らの弁明のために作成したものと見られている。小川は几帳面な性格でメモ魔だったという情報を得た取材班が、その足跡を追う過程で入手した。だが、どこからどのように提供されたかは、残念ながらいっさい明らかに出来ない。

増資から倒産までの間に、ゼクーを舞台に起きた事柄が日付ごとにまるで日記のように綴られている。このなかで、小川は自らの関与を「依頼があった資金調達への参加のみ」で、事業の中身や資金繰りの状況などについてはいっさい分からないと主張していた。そして大阪府警が内偵していたことも知っていたと明かしている。カラ増資にせよ特別背任にせよ、もし事件になっていたとしたら、一連の社内の手続きに誰がどのように関与していたのかが問題になる。おそらくこのような状況を察知して、自らのゼクーへの関与が限定的なものだったと主張したかったのだろう。

文書は取材班にとって、直接、連絡が取れなくなっていた小川自身が自らのかかわりをどのように弁明していたのかを把握するうえで、これ以上ない貴重な資料となった。そしてさらに、文書はゼクーが終末をむかえるまでの混乱を明かしていた。

使途不明金の問題が表面化した時期と相前後して、ゼクーには小川のほかにも複数のブローカーが関与するようになっていた。

文書によると社長らは平成16年12月にある会社と経営権の譲渡について交渉していた。条件はゼクーの財務面の強化と使途不明金の処理に際して経営陣の責任を追及しないこと。だがこの話し合いがうまくいかないまま、新たなブローカーらが交渉に参画。その後、ブローカーや高利貸の間でゼクーの経営権や債権をめぐり争いが起きていた。もともとカネを貸していた者、経営権を狙って新たに株を取得した者など、それぞれが自らの権利を主張しあって争いは拡大していった。

あるページには実名で次のような記述があった。

「一方のサイドには弁護士と元代議士、もう一方のサイドには暴力団と総会屋が入りもめたようです」

経営陣のあずかり知らぬところで繰り広げられた闇の住人たちの「暗闘」。それはゼクーを一気に破滅へと追い込んでいった。

「（社長らが）巻き返しをはかってある会社に支援を要請するもうまくいかず、さらに架空の40億円のファンドをちらつかせ仮払いの穴埋め等の甘言であたかも救世主のごとく登場したブローカー（文書では実名）が実は資金など無く社長らを手玉に取り会社を私物化した結果が現在のゼクーの実態であります」

小川は自分以外のブローカーらの責任を強調するかのように「報告書」を締めくくっていた。そして几帳面に最後に一文付け加えていた。

「私は仕事柄お金の出し入れに関する記録は他の誰よりも克明に記録しているつもりでおります。したがいましてゼクー関連で支払った金利手数料の額及び支払い日時等については捜査当局等から要請があればいつでも提出させていただきます」

小川がつくったというカネの流れを記した記録。それこそが、小川と暴力団をつなぐ決定的な証拠だった。

最後の証拠

エクセルの書式で作成された6枚の表。表題には「入出金実績」と記されている。

そこには小川がカネを集めたすべての金主の名前が実名で書かれていた。そしていつ誰からいくらのカネを調達し、いつどれだけ返済したか、詳細に記録されていた。

記録は、ゼクーの1回目の増資直前の平成16年3月に始まり、ゼクー倒産の2ヵ月前の平成17年4月に終わっていた。

いちばん左の列に記された「取引先」の項目、ここに小川の金主の名前が並んでいた。そこには、半年間の取材で名前が浮かんでいた暴力団幹部やその周辺者たちの名前が複数含まれていた。

カネの流れは一目瞭然だった。

暴力団らからかき集めたカネは、第三者割当増資が行われた日にいったんゼクーに払い込まれていた。しかし、表には同時にゼクーからの払い出しを示す項目があり、増資の直後から、億単位の金額の支出が記載されていた。これがゼクーから流出したカネだった。そしてこれらのカネは「元金分」や「金利分」の名目で「取引先」つまりカネを出した暴力団側に返済されたとある。木下の証言どおり、カネはゼクーを素通りしただけでぐるっと回って、金主のもとに還流していた。

表からはカネの流れがカムフラージュされていたことも読み取れた。ゼクーと金主の間に、投資会社や個人を介在させていたのだ。さらにゼクーからの支出は、少しずつ、少しずつ行われていた。表がなければ元刑事が話していたように複雑怪奇な流れに見えるだろう。闇に包まれていた真相は明らかになった。だがあとひとつだけ課題が残されていた。最後の裏付け――。つまり暴力団の証言である。

接触

明かりを落とした高級ホテルの一室で、取材班は誰ひとりとして言葉を発することもなく、1本の電話を待ち続けていた。電話は、あるベテラン記者の携帯電話にかかってくるはずだった。この記者はあらゆる暴力団組織に独自の人脈を持ち、暴力団絡みの事件が起きたときには、いち早くナマの情報が入ってくる取材網を構築していた。「ゼクーで儲けた暴力団に直接話を聞く」というきわめて難易度の高い取材ができるのは、NHKのなかでこの記者ひとりだった。

今回の取材では、情報の共有は最低限にとどめていた。情報をやりとりしすぎてしまうと、いかに注意を払っているとはいえ、わずかな手がかりから秘匿された取材相手の存在を組織にかぎ取られてしまう危険性がある。このため、この記者がどのような人脈で目的の男を捉えたのか、ここに記すことはできない。

相手は、有名な指定暴力団の系列に属する現役の暴力団幹部。指定された場所で連絡を待てとのことだった。

昼過ぎには来るという約束だった。ところが「もう少し待て」と連絡が入ったきり、接触ができなくなった。携帯電話にかけても、電波が届かない場所にいるというアナウンスが流れるだけだった。

陽が傾いても状況は変わらなかった。

「逃げられたのだろうか」。記者、ディレクター、カメラマン、その場にいた全員の脳裡に、その言葉がよぎったはずだが、それを口に出して言うものはいない。ただ、みな下を向いて押し黙っていた。

夜8時。静まり返った部屋に携帯電話の電子音が鳴り響いた。全員の視線が集中する。すぐに幹部からの電話であることが分かった。話はすぐに終わった。「いまから行く。そんなに時間は取れない」——ただ一言告げられたという。

30分後、恰幅の良い体をダブルのスーツに包んだ男が部屋に入ってきた。一見、暴力団幹部には見えない。やり手の社長か投資家といったほうが近い印象だ。

ソファに腰掛けながら、「いやぁ、上の（上部組織の）○○さんから直接、協力してやれって言われたからね。あなたも困った人だよ」と記者に向かって笑った。その声には、やはりただならぬ威圧感があった。「バレたら困るからさ」と言いながら、特徴的な宝石がはめ込まれたカフスと金色の時計を自ら外した。

「バレたら大変なことになるから」

確認なのか脅しなのか、もう一度念を押され、インタビューが始まった。

欲望の連鎖

幹部はまず、小川と暴力団のカネとの関係から説明しはじめた。

「10億だとか20億だとか、ただの投資家だけで集めようとしても、そんなにはおカネは集まらないですよね。朝一番でこれだけ仕込まなければいけない（カネを用意しなければいけない）となったら、稼業（暴力団）のおカネがいちばん早いですよね。

小川は信用があったんでね。2億を2億5000万とか、2億を3億にして返すというかたちでやってきたんでね。やっぱし小川は仕事ができると思うんで、おカネを出しますよね」

小川は、特定の暴力団の下で働くのではなく、あらゆる組織からカネを調達していた。相乗りに違和感はないのだろうか。

「そういう時代っていうかね。（小川は）あっちのヤクザ、こっちのヤクザって、尾っぽを振っていくわけですから。（暴力団は）みんなカネになればいいって言っちゃ失礼だけど、シノギの一部としてこういう案件があって、やったんですよ」

小川の存在は、暴力団にとってきわめて都合がよかった。カネを膨らませてくれるだけでなく自分たちの存在を消す隠れ蓑にもなってくれる。さらにもし小川が罪を犯しても「投資としてカネを預けただけで、詳しい内容は知らなかった」と言い張ればいいのだ。

いかに手を汚さずに資金を増やすかが、組織にとって重要だと幹部は語った。

「ま、表立って稼業の人間ができる仕事じゃないですからね。やっぱしああいうブローカーみたいな人が何人かいればいいんじゃないですか。これからはそういうかたちでいくのが」

時間はあっという間に過ぎていった。時計の針は午後10時を指そうとしていた。しきりと体を揺する幹部の態度が、終わりの時間が近づいていることを知らせていた。

いったいこの幹部は、どれだけの富をゼクーから吸い上げたのか。法をおかしていないのか。最後にその答えを求めると、幹部は呆れたような笑い声を発してから話した。

「みんな、10億単位では儲けたでしょうね。食い物にしたとか、食い物にされたとか……。ま、ビジネスじゃないですか」

ゼクーを自分の会社にしようとした社長の欲望、それにつけ込んで元手なしに稼ぎを生み出そうとした小川の欲望、それがさらに多くの闇の住人を、そして暴力団組織を呼び込んでいた。際限のない欲望の連鎖は、ゼクーの従業員から職場を奪い、なけなしの貯蓄を投じていた個人投資家から資金を奪った。社長は地位を失い小川は別件ながらも証券犯罪の罪に問われた。ただ暴力団だけが巨額のカネを手にしていた。

カネの暴力。その裏で、幹部は高笑いしていた。

問われない責任

ゼクーの倒産を防ぐ手だてはなかったのか——。監査役だった山本国貞氏は、会社を追われてから、それればかりを考えていたという。社長の資金流出を止められなかった自らの責任を、いまも問いつづけている。取材で分かった事実を報告すると、納得したように何度もうなずいた。

「何が悪かったかといえば、上場できてしまったことそのものだったかもしれませんね」

会社が大きく成長したのは、平成11年に新しいスタイルの居酒屋を始めてからだった。

実はこのときから、会社は深刻な問題を抱えていた。成長する会社の主導権をめぐって、大株主の幹部どうしが対立し、訴訟沙汰にまで発展。いがみ合いは社員にまで波及し、業務に支障をきたすまでになっていたという。

しかし、マザーズの上場に際して、こうしたコーポレートガバナンス（企業統治）の深刻な問題は、大きな障害にはならなかった。ひび割れた組織のままで、会社は上場を許されたのである。

上場して株価が上がれば、生み出される富は莫大である。紙幣を印刷するように株を刷れば、換金は市場でいくらでも出来た。小川にとってゼクーは「いじりやすい」会社だったのだろう。

ゼクーの増資は、特定の会社に株の過半数を明け渡すという、きわめて慎重な判断が求められる局面だった。しかし、取締役会で大した議論もないまま実行に移された。役員は、実のところ大株主がどのような会社なのかさえ、ほとんど知らない状態だった。増資で得られるカネ（結果的にはそれさえ幻だった）に目がくらんだのか、事業が拡大して株価が上がればいいと考えたのか。いずれにしても、きわめてずさんな経営がまかり通っていたといえる。

一方、新興市場に上場している企業のなかで、ゼクーが特別問題の多い企業だったかといえば、それは違った。上場後すぐに事業に行き詰まったり、不透明な増資を繰り返したりして、問題が指摘されている企業は少なくない。

ベンチャー企業は、成長過程であるがゆえ、企業としての歴史と経営者の経験がともに浅く若い。そして瞬発的な経営者の資質や技術力に頼る一方で、資産に乏しく財務基盤が弱いという特徴がある。このため銀行から見ると、企業としての信用力は低く評価されがちで、資金に行き詰まってもなかなか融資はしてくれない。

上場すれば確かに規模は拡大するが、それはすなわちコストも増大することを意味している。コスト負担が重くのしかかるなかで、もし事業がうまくいかなくなれば、株価は下がり市場からの資金も得られなくなる。そしてあっという間に資金難に陥ってしまう。こうした事情は、どのベンチャー企業にもあてはまる。

実力が見合わない会社を可能性だけで次々と上場させてしまう市場のあり方には、マザーズの発足当初から批判もあった。このような隙間に暴力団が介入するのではないかという懸念の声もすでにあがっていた。

しかしこうした指摘は、国が一貫して推し進めた規制緩和の大波と熱狂的なマネーゲームの相乗作用で、かき消されてしまったように見える。ゼクーのような「事件」があっても、誰ひとりとして司法の場では責任を問われていないのが現実なのだ。

そして残念ながら「ヤクザ銘柄」の噂は、いまも絶えることがない。

第四章　共生者たち

チャート

証券業界の関係者の間で出回っているA3判の紙に描かれたチャートがある。あわせて100社ほどの上場企業が登場し、そうした企業の資金調達や株価の変動にかかわっているとみられる人物の名前が、企業と線でつながれている。

チャートに書き込まれているのは、「ヤクザ銘柄」を中心とした上場企業だ。企業との間を交錯するように線でつながれている人物はおよそ30人。いずれも「仕手筋」や「金融ブローカー」といった人物で暴力団員ではない。

チャートには、ゼクーの経営破綻に深くかかわっていた大物金融ブローカー小川義之（仮名）や、平成19年11月にジャスダック上場の建設会社をめぐる株価操縦事件で逮捕され関西の大物仕手筋といわれた投資アドバイザーの名前のほか、取材で暴力団とのつながりをたびたび耳にしてきた金融関係者のほとんどが網羅されていた。

チャートがつくられた目的は、証券業界の関係者の間で「ヤクザ銘柄」の情報を共有することだ。危ない企業の株取引に巻き込まれないようにするため、月に1度は関係者間で情報交換を繰り返し、チャートの内容を更新しているという。

しかし暴力団がどの企業にかかわっているのかという最も知りたいはずの情報はチャートにほとんど記されていない。書き込まれている名前はすべて一般の「カタギ」なのだ。

「実際に動いているのは、カタギの人たちなんですよ。登場するブローカーは暴力団のカネを扱っているという噂はあるけど、本当のところは誰も分からない。だから私たちもそういうブローカーの姿を見て警戒するしかないんです」

チャートの作成にかかわったという証券関係者はこう説明した。

警察当局はさらに膨大な数の関係者をリストアップしていた。

取材で入手したA４判の紙50枚からなるリストは、警察が証券犯罪捜査の参考にするために作成した内部資料だという。証券関係者が作成したチャートと同じように、暴力団とのつながりが噂されている金融関係者や企業をリスト化している。そこには業界で名の知られた金融ブローカーや仕手筋だけではなく、企業の一般の株主と思われる人物の名前や投資事業組合などのファンドが列挙されていた。その数は合わせて４０００件以上。取材でも聞いたことがなかった名前が大半を占めている。巨額の利益を生み出すことができる上場企業の株取引に有象無象が群がっていることを物語っていた。

番組の取材に賛同し、このリストを提供してくれた警視庁の捜査員はこう説明してくれた。

「暴力団が表立って新興市場の株取引に顔を出すことはないよ。暴力団は自分で株を勉強しているわけじゃなくて、元証券マンとか外資系の金融マンとか、暴力団とかかわりのない金融のプロを仲間に引き込んでいるんだ。やつらはやつらで、さらに別の一般人を使って株の売買を代行させる。暴力団はただカネを出しているだけで、実際に株取引を仕切っているのは一般人なんだよ」

企業舎弟から一般人へ

暴力団の資金獲得活動は平成4年3月に施行された「暴力団対策法」（暴対法）によって厳しい取り締まりを受けてきた。

縄張りのなかで飲食店や風俗店などから「みかじめ料」を集めることや借金の取り立てといった、これまで資金源としていた行為が次々に取り締まりの対象になった。

そこで登場したのがいわゆる「企業舎弟」だ。暴力団員のままでは暴力団対策法で取り締まりの対象になってしまう。そこから逃れるため、一部の組員を表向き破門して経済活動に当たらせたのだ。

土地の価格が高騰したバブル期には一般企業を装って地権者からの用地買収にあたる「地上げ」を繰り返し、バブル崩壊後には不良債権取引やヤミ金融などで巨額の利益を生み出して組織に納めてきた。

企業舎弟は、表向き一般企業を装っている。しかし何かトラブルが起きればすぐに一般企業の仮面をはぎ取って暴力団の力をちらつかせていた。このため平成9年に、再び暴力団対策法が改正され、暴力団と同じように「企業舎弟」も取り締まりの対象になった。

ところが、度重なる取り締まりの強化でも暴力団の息の根を止めることはできなかった。今度は暴力団が組織とはまったく関係のない一般人を利用して資金を調達するようになっているこことが明らかになってきたのだ。元証券マンや元銀行員、それに公認会計士や金融ブローカーなどのいわゆる「金融のプロ」たち。証券業界や警察当局がチャートやリストをつくって警戒を強めていた存在だった。

もうひとりの男

平成19年版の『警察白書』で、「暴力団の資金獲得活動との対決」というタイトルの特集が組まれた。

警察白書は「暴力団は経済社会の変化に対応し、最近では証券取引の分野にまで介入するようになってきている。このような暴力団の資金獲得活動は、我が国の経済社会活動の根本を侵蝕しかねない」と指摘した。そして、表面的には暴力団との関係を隠しながら、株式市場などで暴力団の資金獲得に協力する一般人の存在にはじめて言及した。警察はこうした一般人を「暴力団と共生する者＝共生者」と名付けた。

共生者とはいったいどのような者たちなのか。一般人がなぜ暴力団とかかわるようになったのか。暴力団の周りにうごめく一般人にターゲットを定め、取材を始めた。

共生者の実態に迫るチャンスは、思いがけないことから生まれた。

平成19年8月、ある指定暴力団の幹部に会う約束を取り付けた。この暴力団幹部は経済に強いと評判で、重要な取材ターゲットのひとりだった。仲介者を介して、ようやく取材にこぎつけた。

待ち合わせの場所は東京・銀座。

取材の目的は暴力団自身の口から株取引でどのように利益を生み出しているのかを聞き出すことだ。幹部はひとりで店にやってくることになっていた。

暴力団幹部は約束の時間から程なくして店に姿を現した。

「いやいや、今年の夏は暑くてしょうがない」

幹部はハンカチで汗をぬぐいながらも鋭い眼光でこちらを見据えている。ドスの利いた低い声。ひと目でヤクザと分かる男だった。

「急で悪いんだけど、もうひとり同席させてもらってもかまわないでしょ?」

笑顔を見せながら席についたもうひとりの男性。服装はネイビーでピンストライプの細身のスーツに、襟とカフスの部分だけが無地のクレリックシャツ。年齢は40代前半に見える。その風貌は外資系の証券会社に勤めるエリートサラリーマンかＩＴ企業の経営者といった印象だ。

最近の暴力団員のなかには一見すると一般のビジネスマンと見分けがつかない風貌の者も多い。この男性は暴力団幹部の配下の組員なのだろうか、それとも企業舎弟なのか。疑問に先回りするように、暴力団幹部は言った。

「この人は僕の株の先生なんです。ＮＨＫはヤクザが株で儲けてるっていう取材をしてるんでしょ？　それじゃ我々に聞いても分からないだろうからこの人に聞いてくれと思ってね」

飲食店での取材は2時間あまり続いたが、この男性は饒舌だった。

「あの会社なんて全部暴力団のカネですよ。そこの会社を取材すればいいじゃないですか」

自らのシノギの実態を語りたがらない暴力団幹部とは対照的に、上場企業の名前を次々に出しては、その企業に誰がかかわっているのかといった詳細な情報を金融の専門用語を交えた丁寧な言葉遣いで解説した。

冗談を交えながら会話するその様子から、いわゆるヤクザの親分と子分のそれではなく対等な立場で暴力団幹部と接している印象を受けた。

ビジネスパートナー

暴力団とも一般人とも思えない不思議な男。取材を続けるうちに、興味は暴力団幹部から、この男性に向いていた。いったい何者なのか？

「私ですか、僕はヤクザじゃないですよ。もともとは証券会社のサラリーマンですよ。一般人、一般人」

これがのちに共生者と分かる人物との最初の出会いだった。

取材を重ねるうちに男性の経歴が少しずつ分かってきた。

男性は、大学卒業後、国内有数の大手証券会社に入社。資産家の顧客を多数抱える敏腕の営業マンとして活躍していたという。しかし7年前に会社を辞め、いまはフリーな立場で投資ビジネスをしていた。

「バブルが崩壊した後の証券マンは大変だったんですよ、お客さんに勧めた株で大きな損を出させちゃったりしてね。それで嫌気がさしたっていうのも会社を辞めた理由のひとつですね。それからちょうどあの時期はベンチャー企業の若い経営者たちがどんどん出てきて、ITバブルの兆しが見えてきたころだったんですよ。証券マン時代に経営者とか投資家とかいろいろな人脈があったので、それならひとりでやったほうが儲かるんじゃないかと。人気の出た芸能人が事務所から独立したがるのと同じような感じですよ」

いまの主な仕事は投資事業組合などのいわゆる投資ファンドの運営をすることだ。自らファンドを形成して投資家から資金を集め、新興市場に上場するベンチャー企業を中心に投資する。その投資で生み出した利益を投資家に還元しているという。

収入はどの程度増えたのだろうか。

「投資に失敗するケースもありますから一概には言えないですけどね。トータルでいえばサラリーマン時代とは比較にならないですよ。１回成功すれば入ってくる額のケタがサラリーマンの給料とは全然違いますからね」

笑いながら話すこの男性は、巨額の資金を扱っていることをのぞいては普通のビジネスマンと印象は変わらない。携帯電話の待ち受け画面は笑顔を浮かべた家族の写真に設定されていた。そして何より暴力団関係者に特有の威圧感がまるでない。

そのような人がなぜ暴力団幹部と付き合いを始めるようになったのだろうか。

暴力団との関係を計りかねていると、男性はこう説明した。

「ＮＨＫさんは僕らがヤクザさんの手先になって動いていると思っているんでしょ。でもそれは全然違いますよ。直接ヤクザさんと会うこともめったにありませんしね。でも投資ビジネスをやっているとヤクザさんのカネが頼りになることがあるんです。そうやって表からじゃ絶対に分からない形でつながりができる。顔は見えないけど、お互いが頼りにするビジネスパートナーという感じじゃないでしょうかね」

男性の態度からは暴力団と付き合う後ろめたさや恐怖感はまったく感じられなかった。むしろ自分たちが上場企業への投資ビジネスを取り仕切りヤクザを儲けさせてやっている、というプライドすら垣間見えた。

株式市場でなぜヤクザマネーが膨張するのか。また暴力団と関係がないはずの一般人がなぜ暴力団との付き合いを深めていったのか。この元証券マンへの取材がその謎を解くカギになると確信した。

秘密の場所

度重なる交渉の末、元証券マンは匿名を条件にようやく取材に応じた。

都内有数の繁華街の一角にあるバー。そこが元証券マンから指定された取材場所だ。このバーには看板がない。入り口のドアは常にロックされ、あらかじめ会員として登録した人間しか店に入れないようパスワードが設定してあった。

店の前で元証券マンと落ち合い薄暗い店のなかに入ると、そこにはすでに2人の男性が到着していた。

ひとりは取材を続けてきた男性と同じ元証券マン、もうひとりは金融ブローカーだと名乗った。2人はある企業への投資ビジネスで知り合い、それからは投資ファンドへの資金集めなどを分担して行っているという。

金融ブローカーはカメラを目にすると鋭い目つきでクギを刺した。

「絶対に身元が分からないようにしてくれ。そして投資先の企業の名前も必ず伏せる。それが取材の条件です。もしバレたら洒落《しゃれ》じゃ済まされないですからね」

この会員制のバーは投資案件に関する情報交換の場所だという。新興市場の上場企業の経営者や金融ブローカーなど、さまざまな立場の人間が出入りしていた。

「情報交換はよくやりますよね。やっぱりいろいろな人が手をつけちゃった後の企業に投資しても儲けは出ないんでね。でもあんまり知らない人がいるところで話せるようなことじゃないからね」

秘密の場所で共生者への取材が始まった。

証券アレンジャー

元証券マンらは、自らの仕事を「証券アレンジャー」と自称した。企業と交渉して儲けを生み出す投資のスキームを生み出すのだという。どのように利益を上げているのか、その仕組みから聞くことにした。

「狙うのは資金繰りが厳しい企業ですね」

元証券マンらが投資の対象にしているのは、事業の失敗や株価の低迷などで資金繰りに苦しんでいる新興市場のベンチャー企業だ。

ＩＴバブルのころ、新興市場のベンチャー企業は高い株価を背景に銀行や一流の証券会社などを通じて次々に資金を調達することができた。しかしライブドア事件以降新興市場への投資は冷え込み、株価は低迷する。すると銀行からの融資は難しくなり、証券会社もそうしたベンチャー企業の資金調達から手を引きはじめた。

ベンチャー企業の経営者が何よりも重要視しているのは株価だ。経営者のなかには株を担保にして融資する「証券担保金融」と呼ばれる業者から資金を調達しているケースもある。自分の会社の株を担保にしている場合は、株価が下がれば下がるほど追加の担保を入れなければならない。

なんとしてでも株価を上げたい経営者。そのためには、新たな事業を立ち上げるなどして一般投資家からの期待を集めなければならない。そこでなりふり構わず資金を調達しようとするベンチャー企業は少なくないのだという。

元証券マンらは投資先のベンチャー企業を見つけると、経営者と交渉を始める。投資に使う手段は、ゼクーと同じ「第三者割当増資」だ。第三者割当増資によって資金を調達できれば、事業拡大への期待がふくらみ企業の株価は上昇が見込まれる。元証券マンたちは投資と引き替えに手に入れた株を市場で売却し、投資家に配当しているという。

しかしこれだけでは正当な投資ビジネスの域を出ない。確実な利益を生み出すカラクリはどこにあるのだろうか。

「有利な条件を企業の経営者から引き出すんです。それが資金繰りが厳しい企業を狙う最大のポイントですよ」

元証券マンらは投資先の企業の経営者と交渉し、新たに発行させる株を市場での取引価格よりできるだけ安い価格で手に入れるのだという。それによって、たとえ株価が上がらなくても確実に利益を生み出すことができる。

経営状態が悪いベンチャー企業の経営者ほど目先の株価にこだわるため、多少不利な条件でも資金を調達しようとするのだという。

元証券マンらは経営者に投資をちらつかせながら、確実に儲かる有利な条件を引き出していくのだ。

役割分担

この日も、新たな上場企業への投資の話し合いがひっそりと行われていた。

「今度ですね、全部で４０００万株の増資を引き受けてくれないかという相談が会社からありまして、年内に20億円くらい必要だというのが会社側の希望なんですよ」

「年内に20億？　じゃあファンドをつくってある程度の人数からカネを引っ張ってこないと集まらないでしょ」

「それと株価なんですけどね、最近1週間の平均株価より10パーセント安く新株を取得できますので、カネを払い込む前に株価が上がっていれば安心しておカネを払えるので、投資家の人にも説明しやすいと思うんですよね」

元証券マンは経営状態の悪いベンチャー企業に投資した場合、市場での取引価格より10パーセントほど安い価格で株を発行するのがいまの相場だと説明した。今回の投資を引き受け20億円の資金を集めることができれば、最低でも2億円の利益を手にすることができる計算になる。まさに濡れ手で粟の商売のように感じられた。

「そりゃあ新興市場がもてはやされていた時代には株価も好調だったし、一流の証券会社が協力してくれて、いくらでも自由に資金を調達できたんです。そんなときには僕らと組むメリットなんてないですよ。いまは銀行だってどこも相手にしてくれないけど、ベンチャー企業の経営者は若いから一発逆転を狙ってくる。当座の資金さえ集まれば、株価が上がって経営が上向くかもしれない。だから少しくらい無理してでもまずはカネを集めようということになるんですよ」

　元証券マンらは儲けをさらに何倍にも増やすための手段もいとわない。それがいわゆる株価のつり上げだという。

「20億を投資するとするでしょう、確実に儲けるには仕手戦に5億くらいは必要ですかね」

　株価のつり上げ、つまり仕手戦では、仕手筋といわれる金融ブローカーや投資家など何人もの仲間を使い、仲間内での売り注文と買い注文を繰り返して一般投資家を誘い込むのだという。そして、株価が上がりきった段階を見きわめて手に入れた株を一気に売りさばき、巨額の利益を手に入れるのだ。

「当然、株価ありきで儲けが違ってくるんでね。株券を手に入れた後に株価が下がっちゃったら失敗ですから。捜査当局に目をつけられないように、やりすぎない程度にはやりますよね」

　経営難の上場企業への投資で多額の利益を生み出す。一見すると矛盾があるようなひずみを狙ったプロならではの投資ビジネスの仕組み。

　こうしたビジネスを可能にしているのが、元証券マンが持つ独自のネットワークだ。そこではそれぞれの能力に応じて共生者の役割分担がされていた。

豊富な金融知識と企業経営者とのつながりがある元証券マンらは、前述したように証券アレンジャーと呼ばれている。企業側と直接交渉し有利な投資の条件を引き出してくるのが仕事だ。

株価をつり上げる仕手筋はバブル時代に活躍した大物仕手筋から教えを受けた門下生が多い。株価を思いどおりに上げるには熟練の技が必要だという。

そして投資家から実際にカネを集めてくるのが金融ブローカー。集めたカネを証券アレンジャーなどに渡す代わりに多額の手数料を受け取っている。第三章の小川義之のように複数の暴力団とつながりがある人物も多いという。

取材で知り合った金融ブローカーはこう説明した。

「共生者のなかにも限りなくシロに近いグレーの人間もいるし、逆にクロに近いグレーもいる。ヤクザのカネはいろいろな人間の間でバトンを渡すようにしながら上場企業に入っていくんです」

「速いカネ」

東京中心部のビジネス街。さまざまな金融会社が入居するビルの一室に、元証券マンのオフィスがある。これまでの取材で元証券マンが語りたがらなかった暴力団とのつながりについて詳しく聞き出すつもりでいた。

投資ビジネスにかかわる金融関係者の間で、暴力団との関係を公言することはタブー中のタブーだ。いくら資金繰りに悩む経営者であっても、暴力団の資金だとあらかじめ分かっていれば、敬遠するのは間違いない。暴力団の資金を受け入れていることが公になれば、またたく間に市場からの信頼を失い株価が暴落するのは目に見えているからだ。

「あいつは俺たちの組織のカネを扱っている」――そう暴力団自身から教えられていた金融ブローカーに暴力団とのかかわりを全否定されたこともあった。

しかし、この元証券マンは最初に出会ったときに暴力団幹部と同席したという紛れもない事実がある。それが功を奏したのであろうか。

「だから何度も言っていますけど、ヤクザと直接取り引きしているわけではないですからね。その辺を理解してくださいよ」

そう断ったうえで暴力団とのつながりを語りはじめた。

元証券マンが暴力団と付き合いはじめたのは数年前、あるベンチャー企業に投資するためファンドを立ち上げたときのことだったという。企業への投資額は数十億円。自ら投資ファンドを立ち上げ、証券会社時代からの知り合いだった複数の投資家に呼びかけてファンドへの出資を募っていた。しかし、投資の直前になって株価が下落。投資先の企業の経営状態の悪さも手伝い、予定していた投資家からの資金が集まらなくなる事態に陥った。

このとき元証券マンが助けを求めたのが、ある金融ブローカーだ。このブローカーは、即断即決で調達できる資金を扱える人物として知られていた。「速いカネ」。共生者の間で暴力団の資金を意味する隠語だ。ブローカーが扱っていたのは速いカネだった。

元証券マンはそのことを知らずにブローカーから数億円を調達しベンチャー企業への投資は成功。それが暴力団資金だったことはあとになって知ったという。

カネの匂い

「やっぱりヤクザっていうのはおカネの匂いがするところには、我々から近づいていかなくても寄ってくるんですよ。最初はヤクザにおカネを出してもらうつもりはなかったんだけど、手繰っていって、実はという感じでしたね。暴力団のカネっていうのは、それなりの手数料とか金利とかの約束をすれば即断即決、短時間で多額のカネを動かすことができるんですよ。たとえば企業側と決めた金額が少し足りないだけでも投資っていうのは失敗してしまうんです。よくカネに色はないといいますけれども、暴力団のカネだからといって色が黒いわけではありませんから。確かに暴力団のカネですと明言されていたら、受け取らない人のほうが当然多いと思いますけどね」

元証券マンらの投資ビジネスは、企業側が望む資金を短期間で集めることができてこそ利益を生み出す。暴力団には、10億円もの巨額な資金でさえも数日のうちに調達できる人物もいるという。元証券マンらはその圧倒的な資金力に頼るようになっていった。

元証券マンは、これまでに投資ビジネスで知り合った人たちの名刺が入ったファイルをオフィスの棚から取り出し、見せてくれた。

ファイルには、著名な投資家や業界で名の知られた金融ブローカー、さらには大物政治家やタレントの名刺も入っている。そのなかに、さまざまな組織の代紋が刻印された暴力団幹部の名刺が複数紛れ込んでいた。

「ヤクザの人と直接付き合っちゃうとまずいですからね。ふだんはブローカーとの付き合いがほとんどなんですが、そうしているうちに自然に知り合いになるという感じですかね」

「これは世間的な親分さんですよね、けっこう大きな組の」

「こちらもやはり暴力団関係のかなり上の方ですね、やはり投資にえらい興味を持っています。なんかいい投資話はないかと、そういうレベルであれば10人くらいの暴力団幹部と付き合っているんじゃないですかね」

暴力団はあくまで投資家のひとりと考えているという元証券マン。一般の投資家と暴力団の名刺が区別なく入れられたこの名刺入れがその言葉を物語っていた。

法の抜け穴

元証券マンらが、暴力団の資金を使って投資ビジネスを行ううえで最も注意を払っていたのが、証券市場や捜査当局から暴力団の資金の存在を見抜かれないようにすることだった。このためさまざまな方法を使って資金の流れを複雑化させ、カネの出所を分からなくしているという。

元証券マンは机の引き出しから1枚の資料を取り出した。

「これがいま投資しようとしている企業なんですけど……」

「新株予約権引受契約書」――そこには投資先の企業の株をどのような条件で引き受けるかなどの契約内容が細かく記されている。そのなかで目を引いたのが株の引受先だった。そこに記されていたのは、イギリス領の西インド諸島にある投資ファンドだったのだ。

「この海外のファンドは我々がつくったものなんですよ。とはいっても誰かが常駐しているわけではないですよ。海外の人間と契約して口座をつくり、投資先の企業との契約書にサインをしてもらうだけ。それだけで簡単につくれるんですよ」

西インド諸島やケイマン諸島など、いわゆるオフショア（租税外地域）と呼ばれる場所につくった投資ファンドは税金面で有利なことから世界中の投資家の間で活用されている。しかし元証券マンらが海外の投資ファンドを使う最大の理由は、投資ファンドに出資しているカネの出所を分からなくすることだ。

投資事業組合とも呼ばれる投資ファンドは、いわば投資家から集めた資金の受け皿となる存在だ。国内でも会計監査や登記などの義務がある「有限責任組合」のほか、いずれの義務もない「匿名組合」や「民法組合」などがある。しかし、誰が出資しどこに投資しているのかを明らかにする義務がない投資ファンドは、これまでさまざまな犯罪に悪用されてきた。

ライブドア事件で、複数の投資ファンドが自社株の売却益を環流させて売り上げに付け替える粉飾決算の隠れ蓑として使われた。およそ2万人の投資家から490億円もの資金を不正に集めていた「平成電電」をめぐる詐欺事件でも資金の受け皿として悪用された。

このため平成19年9月、国は「金融商品取引法」を施行。日本国内のファンドについては、原則として金融庁への登録や届け出が義務づけられた。ファンドをつくった代表者の名前や住所の届け出が必要なほか、問題があった場合は金融庁や証券取引等監視委員会の立ち入り検査の対象となった。海外の投資ファンドについても、国内の10人以上の機関投資家から資金を集めていた場合には、国内のファンドと同じように届け出の対象となる。

しかし、海外のファンドに誰が投資したのかをあらかじめ把握することは難しい。海外の投資ファンドはいわば「法の抜け穴」になっていると元証券マンは語った。

「海外のファンドには捜査当局の目が届きにくいんですね。海外の投資家のふりをしてベンチャー企業に投資するわけです。ちょっと手間はかかるんですけど、この時点でファンドのカネを誰が出したのかというのはかなりオブラートに包まれますね」

元証券マンによると、いま新興市場に上場するベンチャー企業が資金を調達する際、大半を占めているのが海外の投資ファンドを使った方法だという。

海外口座

元証券マンはホワイトボードを使ってさらに複雑な資金の流れを説明した。

「暴力団のカネを扱う場合には、海外の投資ファンドにも直接は入れません。最低でも3人くらいの投資家を間に挟んでから、ようやく投資ファンドに入れるというケースが多いんじゃないかな」

暴力団からの資金を海外の投資ファンドに入れる場合、少なくとも3人、多いときには5人以上の金融ブローカーや投資家、それに別につくった投資事業組合を間に挟むという。この際の資金移動はほとんどの場合が海外から海外への送金だ。

元証券マンはこう説明する。

「外資系の銀行は、国内の企業の株券とかを担保にすれば外貨で融資をしてくれるわけです。融資されたカネを海外に開設した口座に振り込んでもらう。その資金をそのまま海外の別の口座に送金する。そうすれば全部海外送金でファンドにカネを入れることができるんです」

平成16年に摘発された山口組五菱会（当時）のヤミ金融事件では、スイスの外資系銀行クレディスイスに巨額の違法な資金が隠されていたことが明らかになった。海外の口座に巨額の資金をため込んでいる暴力団は少なくないという。

「日本から海外にカネが出ないケースもあるわけだから、日本の捜査当局がカネの流れをつかむのは難しいんじゃないですか」

海外送金が繰り返され、投資で生み出された利益もこのルートを逆流するかたちで最終的に暴力団へと戻っていく。

日本の捜査当局も海外のファンドが犯罪に悪用されている場合には、現地の捜査当局などに連絡したうえで、ファンドが開設した口座の入金記録などを調べている。しかし何重にも投資家やファンドが介在し、海外送金が繰り返されていれば、複雑な資金の流れの全容を解明することはきわめて難しい。

「資金を調達するベンチャー企業は、どんなにカネに困っていても、一般の株主に説明がつく資金、きれいな資金しか受け入れられないんです。いちいちＩＲ（投資家向け情報提供）で公表しなければいけないんですから。だからこそ我々もヤクザのカネであっても、まったく違ったカネのような入れ方をさせる。もし捜査当局に調査されても海外のファンドの時点で止まると思います。そこから先は誰がカネを出したのか調べるのは相当難しいと思います。僕らだって誰のカネなのか分からなくなるときもあるんですから」

元証券マンはニヤリと笑ってこう続けた。

「暴力団の資金は直接扱わないっていった意味が分かりましたか」

懲役に行く奴はアホ

暴力団と共生者。「共生者」のビジネスは企業への投資だけにとどまらない。

これまでの取材で、様々なビジネスの現場で暴力団の共生者と呼べる一般人が数多く存在することが分かってきた。

平成19年10月。数多くの共生者とともにシノギを行っているというひとりの暴力団員を取材した。この暴力団員は、武闘派として知られる暴力団組織に所属する30代の組員。身長は1メートル80センチは超えるすらっとした体形。髪をオールバック気味にし、顔は日に焼けて黒光りしている。ワイシャツの襟元を第二ボタンまでざっくりと開け、金色のネックレスを褐色の肌にちらつかせていた。

当初は、暴力団の凶暴性を取材しようと接触を図ったひとりだった。拳銃を使った殺人未遂事件で長く服役し、半年前に出所したばかりだ。刑務所での暮らしぶりについて話を聞いていたときのことだった。

「いまは、抗争事件とかで体を張って懲役に行くやつはアホですよね。まあ、組の看板を背負っているんだから、懲役も時には必要かもしれないけど、意味がないですよね。

抗争でチャカ（拳銃）持って撃ち込んで、一発で10年ですかね。相手の体に弾が入りました、死にましたってなったら、無期懲役までありますよね。懲役勤めしている間に組が残っているかっていったら、カネがなくなったら組もなくなりますから、もうそんな体賭ける世界ではないんですよ。逆にいま体張ってやっているのは、うちのブレーンとのシノギですよ。俺がいて、ブレーンがいる。このチームは体賭けて守っていかないといけないものかもしれない」

ブレーン。男の口から飛び出した言葉に違和感を覚えた。ブレーンとは、いったい何のことなのか。

「元銀行員。あと元公認会計士。それから不動産に強いやつ。あと金融ですね。消費者系の人間もいたな。商工ローンの人間とかね。こういう連中とチームを組んで、シノギをしているんです。こいつらの専門知識は、ものすごく使えるんでね。うちのチームは、経歴でいったら、そここいいとこ行ってるような人間が多いですよ。

チームといっても行動を縛ったりはしないので、あくまでシノギに関してのチーム。だから上下関係もないし、俺がヤクザだからって指示することもない。逆に、こっちのほうが先生、先生って言いながら使ってますよ。そう言っておけば、気分いいじゃないですか」

暴力団員と、元銀行員、それに元公認会計士に、元金融マン。彼らはどのようにして結びつき、いったいどのようなシノギをしているのか。

役者が演じる「ダミー会社」

1週間後、男から連絡が入った。男は銀行から巧妙な手口で多額の資金を引き出し、大がかりな株取引を行おうとしているというのだ。そのための「舞台」を元銀行員や元公認会計士らとつくりあげているという。

待ち合わせ場所は、東京近郊のある駅。繁華街にほど近いオフィスビルに案内された。10階にある部屋のドアには、アルファベットで書かれた看板が掲げられている。そこは、暴力団員の男が、平成19年の夏に設立したという、住宅リフォーム会社だった。

入り口のドアを開けると、内部は普通のオフィスに見える。しかし、営業実体はない。銀行から融資を受けるためにつくった「ダミー会社」なのだという。

「ここは、とりあえず応接。この場所に金融機関の人たちを呼んで、契約、プレゼンと、ひととおり、ここでやります」

どこにでもある一般的な応接スペースだった。とりたてて華美でもなければ地味すぎもしない。2人ずつが向かい合って商談ができるように配置されている。

応接ソファの周りには、ガラス張りのショーケースがあった。最初に目についたのが商工会議所のプレートだった。

「商工会議所は実際に会員になっているんですよ。だから会報なり何なり、毎回送ってきます。金融機関の融資担当者が来たときに備えた飾りみたいなものです」

営業実体がなくても、会費を払えば商工会議所に会員登録することができる。ショーケースの棚には、表彰状が並んでいた。銀行の融資担当者を信用させるために男がつくったものだ。実際にある団体や協会の名前、それら団体の理事長や会長の名前はすべてインターネットで調べたうえで、パソコンでつくったという。

「ディスプレイの一環ですね。本当は置く必要もないんですけど、うちの元銀行員のブレーンのアドバイスでね。融資担当者っていうのは、こういう細かいところまで見るものなんだそうです」

男は笑いながら、そう言った。オフィスの奥には、誰も座っていない机が10席以上並んでいた。いちばん奥にある席が社長席、それ以外は社員の席である。銀行の融資担当者が来るときには、元サラリーマンやフリーター、主婦など、適当に集めた人間を連れてくるという。その際に使うのは、インターネットで裏仕事の情報をやりとりする「闇の職業安定所」と呼ばれるサイトだ。

このサイトで、「簡単な仕事。一日2万」「役者の仕事募集」などと書き込めば、応募してくる人はいくらでもいると、男は説明した。

「社長の役、社員の役をやってもらう人間は、闇サイトで集めます。まあ、役者ですよ。社長っぽい年齢の奴をセッティングして、履歴なり何なりっていうのをこっちでつくったものを覚えてもらって、社長になってもらうと。ほかの社員は、フリーターだって主婦だって何でもいい。パソコンに向かって黙って何か仕事しているふりをすればいいわけだから。こういうカネのためには何でもやる奴っていうのはいくらでも転がっていますからね」

「社長の役、社員の役の連中も並べれば、普通の会社ですよ、基本的には。業務実体は別として、普通の会社です。電話で問い合わせをしてもつながりますし、104登録もしています。ホームページもありますし、会社案内もあります。ないのは、取引実体だけ」

こうした仕掛けは、すべて銀行から億単位の資金を引き出すための「舞台」だという。詐欺になるのではないかと問うと、暴力団員の男は、返済はしており当面の資金を借りているだけだと説明した。そして同じような会社を4〜5社設立していると話した。男の手に握られた大量の鍵の束。ジャラジャラと音をさせている、その鍵の分だけ、「ダミー会社」があるということだった。

闇サイトで集めた実行部隊

莫大な利益を上げるために欠かせないのが、男がブレーンと呼ぶ専門的な経済知識を持つ一般人だ。

ひとりは元銀行員。どうすれば銀行の融資担当者を信用させられるか、そのテクニックを学んでいる。銀行が融資を実行する際の判断基準といった内部情報を知ることで、融資を引き出しやすくなるからだ。

そして、もうひとりは、元公認会計士。「ダミー会社」の決算書の準備に始まり、会社の経理情報や新商品の開発情報などを手に入れてもらう。こうした会社の内部情報に触れる機会が多いため、どの会社の株を買えば儲かるか、運用のアドバイスを受けている。

元銀行員や元公認会計士には、ひとつの仕事が成功するごとに、報酬を渡しているという。しかし、暴力団員の男は、その具体的な金額などは答えなかった。

こうした元銀行員や元公認会計士とはどのように出会ったのか。暴力団員の男は、当初、躊躇《ちゅうちょ》していたが、静かに語りはじめた。

「うちのブレーンのことはあまり話したくないんだ。彼らがいなくなってしまったら、シノギが滞るしね。それに、何となくは分かっているかもしれないけど、俺のことをヤクザだとは思ってない奴もいるしね。

元はといえば、社長や社員の役者集めと同じで、闇サイトだったんだよね。懲役上がりでシノギも何もないなかで、闇サイトで、仲間を探していたら引っかかってきたのが、いまのブレーンなんだ。最初は驚いた。まさか、こんなきちんとした経歴の連中がウラ仕事をしているとは思わなかった。どこの世界にもカネのためには何でもやるという奴がいるということなんだよ」

暴力団と手を結び、その資金を膨らませる「共生者」たちにリスクはないのだろうか。東京・千代田区にある投資顧問会社を取材のために訪ねていたときのことだ。この会社の経営者の携帯電話が鳴った。

「え、連絡取れないの。失踪しちゃったのかな……」

連絡が取れなくなったのは、かつて大手の証券会社に勤め、この経営者とも何度かともにビジネスをしたことがあるという元証券マンだった。

「暴力団のカネを扱った投資で失敗したのが原因なんじゃないですかね」

暴力団の資金は短期間で巨額の資金を調達できるメリットがある一方で、その分多額の手数料を要求されるケースが少なくない。暴力団の資金を管理する、いわゆる「企業舎弟」の金融ブローカーは、株取引の利益とは関係なく調達した資金全体の10パーセントもの手数料を受け取っていると話していた。

投資に失敗した場合にはなおさら立場は厳しくなる。巨額の利益が見込まれる企業の増資をめぐっては、闇の勢力とつながりのある複数のグループが競合し、思わぬところで株価の下落を招いたりするケースも少なくない。こうした場合、巨額の資金を扱っているだけに、それだけ損失の額も大きくなる。

投資顧問会社の経営者はこう説明した。

「うまくいっているときは暴力団は何も言いませんよ。だから証券アレンジャーやブローカーも暴力団と対等な関係のままでいられる。でも一度失敗すると、別の儲け話を持ってきて穴埋めしろということになる。こうなったらもう暴力団の企業舎弟と同じですよ。ヤクザを儲けさせるためだけに仕事をするようになってしまう。そんな人間は何人もいますよ」

必要悪

取材を続けてきた元証券マンは、暴力団とつながりを持つことに恐れはないのだろうか。再び都心のオフィスを訪れた。しかし、この元証券マンには、そうした不安はないようだった。

「カネを出してくれる暴力団と相当な密約があったり、利益を全部差し上げますとかそういう契約をしていたら話は別ですけど、我々の場合はあくまで暴力団は投資家のひとりだと思っていますから、損をしても自己責任ですという説明はしてあります」

しかし暴力団は、犯罪などで不正に得た資金を市場での株取引でさらに膨らませ、また別の犯罪へと使おうとしている。結果として暴力団の活動を手助けしていることにはならないのか。そう聞くと、これまで見せなかったような厳しい表情を浮かべて答えた。

「我々がファンドで扱っているカネのすべてが暴力団のカネだっていうのなら話は別ですよ。でも一部紛れ込んできてしまうことに関しては、仕方がないと思います。いちばん大切なのは市場を活性化することなんです。いまはどの金融機関も新興市場の企業には融資してくれない。それじゃあ失敗した新興企業はどんどん退場していって潰すのかということなんですよ。だから少しくらい無理をしても許されると思います。暴力団の資金は市場全体から見たら、必要悪、必要なんですよ。それがすべてなくなってしまったら市場がうまく回らなくなるほどの大変な事態になると思いますよ」

金融の専門知識を持つ元証券マンと圧倒的な資金力を持つ暴力団が密かに手を組み、資金繰りに苦しむ企業に手を貸す形で巨額の利益を生み出すこのビジネスは、一見すると被害者が分かりづらいが、市場経済の信用を揺るがしかねない大きな問題をはらんでいる。

元証券マンらが投資するベンチャー企業のなかには、巨額の資金を調達するため、これまで発行していた自社株の5倍、10倍といった株を新たに発行するところも少なくない。そうなると当然のことながら株の価値は薄まり、既存の株主は損失を被ってしまう。そのうえ、元証券マンらの狙いはこうした企業の安定した株主になることではない。

株価を上げ、十分な利益が見込まれる段階になったら、所有する大量の株を一気に売り払う。こうなれば株価はさらに下落の一途を辿ってしまう。暴力団らにもたらされる巨額の利益は、一般の投資家から市場を通じて巻き上げた資金なのだ。警察が、暴力団の証券市場への介入を、「我が国の経済社会活動の根本を侵蝕しかねない」とした理由はそこにあった。

元証券マンのもとには、この日も新たな投資話が舞い込んできた。

「前にお話しした企業なんですけど、いろんな人にカネを1億ずつでも出せないかっていう話をしているみたいで」

「あの会社、おカネ入らないとまずいでしょ」

「元々の借金がかなり大きくて、このままだと決算を締められないかもしれない状態らしいです」

「いま株価が底だっていう見方なんで、おカネが入ったらようやく事業が立ち上がるんで、そうしたら株価も2倍、3倍っていう話をしているみたいですよ……」

「速いカネ」に頼る企業は後を絶たない。こうして、今日も暴力団のカネが、密かに株式市場に流れ込んでいく。

株式市場は情報公開や透明性が厳しく求められ、暴力団が表立って動くことができない場所なはずだ。しかしそれを可能にしているのが、元証券マンなどの「共生者」たちなのだ。

ここでもまた両者を結びつけていたのはカネ以外の何物でもない。果てしなく膨らんだ欲、拝金主義が、金融マンとしてのモラルをやすやすと踏み越えさせてしまっていた。

第五章　ヤクザいまだ滅びず

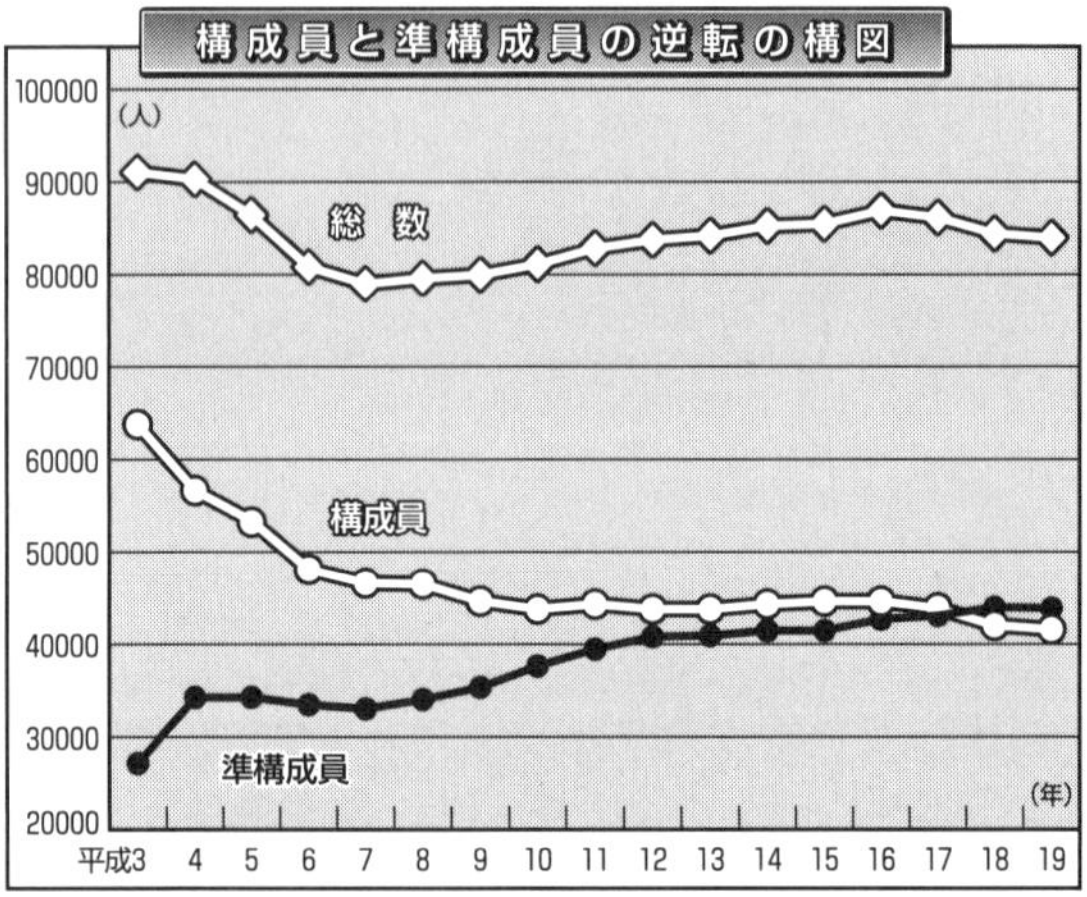

構成員と準構成員の逆転の構図
(人)
100000
90000
80000
70000
60000
50000
40000
30000
20000
総数
構成員
準構成員
(年)
平成3
4
5
6
7
8
9
10
11
12
13
14
15
16
17
18
19

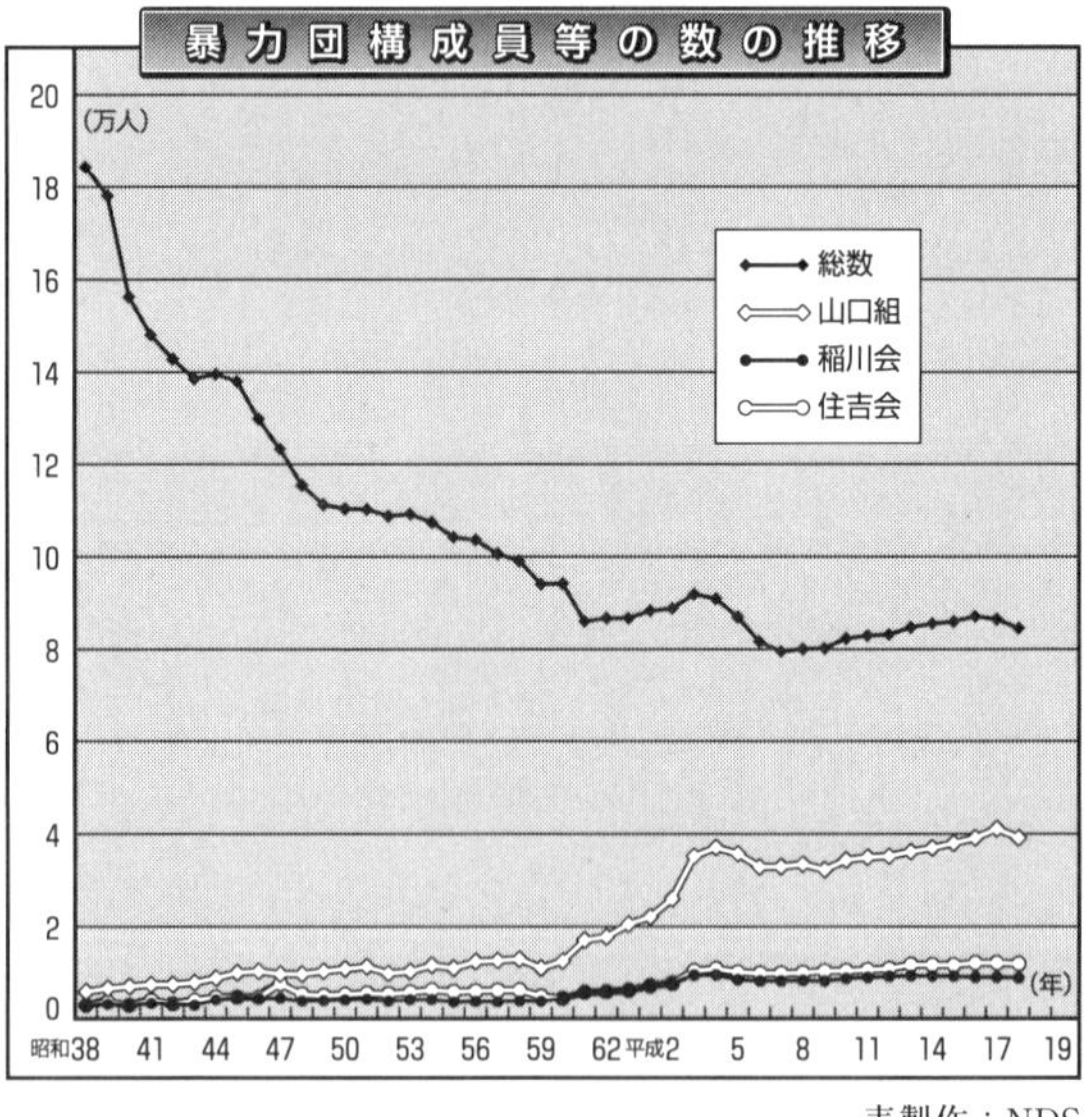

暴力団構成員等の数の推移
(万人)
20
18
16
14
12
10
8
6
4
2
0
総数
山口組
稲川会
住吉会
(年)
昭和38
41
44
47
50
53
56
59
62
平成2
5
8
11
14
17
19

表製作：NDS

ヤクザ勢力地図の変化

平成19年2月。東京・台東区の葬儀場で、六代目山口組最高顧問・國粋会の工藤和義元会長の葬儀が行われた。工藤元会長は、平成19年2月15日、台東区にある自宅の2階で拳銃自殺を図った。平成17年に國粋会が山口組の傘下組織となったときの会長で、その後、山口組最高顧問の地位に就いていた。

工藤元会長の自殺の真意はいまでも謎のままだが、自殺の10日前には、東京・西麻布で住吉会小林会の杉浦良一幹部（当時43歳）が拳銃で殺害される事件が起き、その後、山口組系の暴力団事務所に対して、報復とみられる発砲事件が相次いだ。警視庁は、山口組と住吉会の対立抗争事件と認定。自殺もこの抗争事件に何らかの関係があるのではないかとみている。

工藤元会長の葬儀には、実はもうひとつ大きな意味があった。それは、葬儀に参列した暴力団幹部の顔ぶれである。六代目山口組の高山清司若頭をはじめ、入江禎総本部長ほか、「直参」と呼ばれる直系組長が軒並み参列した。山口組の幹部がこれだけ多く東京に集結するのはきわめて珍しい。というのも、神戸に本拠を置く山口組は、関東の住吉会や稲川会に対して、表向きは東京で組の看板は掲げないとして微妙なパワーバランスを保ってきたからだ。

実際には、六本木や銀座、渋谷、浅草といった東京の繁華街を縄張りにする國粋会が、平成17年に山口組の傘下組織になったころから、山口組の東京進出が本格化したとされている。しかし、表立って、これだけ多くの幹部が集結することはなかった。このためメディアの関心を集め、葬儀場には大手新聞社の記者ばかりでなく、テレビ局のカメラがずらりと並ぶ事態となった。

この葬儀場には、山口組以外にも、住吉会、稲川会といった関東の暴力団組織の幹部も参列した。葬儀は午後から夕方遅くまでの長時間にわたり、まさに山口組の東京進出を象徴するシーンとなった。

山口組は、その組織力と資金力を背景に勢力を拡大し続けてきた。國粋会の取り込みは、「暴力団の世界のM&A（吸収・合併）」とも呼ばれ、國粋会がもともと持っていた縄張りがそっくりそのまま山口組のものになることを意味すると警察はみている。つまり、東京での足場の確保だけでなく、國粋会が持っていた繁華街までもが資金源となったのだ。

國粋会に近い暴力団関係者は言う。

「オセロゲームで1手打っただけで全部白が黒にひっくり返されることがあるだろう。國粋会の取り込みは、山口組にとってまさにそれだった。勢力だけでいえば、住吉会、稲川会が関東ではツートップだが、シマ（縄張り）の持ち分でいえば、國粋会がトップ。ただ、國粋会はそのシマを〝貸しジマ〟と言って住吉会や稲川会などの他団体に貸していたので目立たなかっただけなんだ。山口組の現体制は、その歪《いびつ》な構造に目をつけた。國粋会を取ることで、東京の主要なシマを取ることができると。微妙なパワーバランスで保たれていた東京のヤクザ社会に、まさにくさびを打ち込んだんだ」

拡大の一途

ここに、一冊の警察の内部資料がある。

『広域暴力団山口組壊滅史』。

昭和43年6月30日に兵庫県警察本部が作成したものだ。ページ数は実に569ページにのぼり、「取扱注意」の刻印が押され部外への持ち出しが禁じられている。今回の取材を進めるうえの基礎資料として、知り合いの警察関係者から譲り受けた。

その序には、「犯罪社会学上の研究課題の一つでもあった山口組の実態を明らかにするとともに、今後の捜査ならびに暴力団犯罪取り締まり対策に役立てるため後世に残す」とされている。このころ、警察は、現在の山口組の原形をつくり上げたといわれる田岡一雄三代目組長を頂点に「鉄の団結」を誇示していた山口組の実態を解剖し、まさに壊滅せんとする勢いで捜査を進めていた。

それから、40年。

山口組いまだ滅びず。

それどころか、山口組の勢力は、年々、拡大の一途を辿り、平成19年末では、8万4200人にのぼる暴力団総数の半数近くを占めるまでに拡大した。その勢力分布も、本拠を構える神戸にとどまらず、45都道府県に及んでいる。ほぼ全国制覇したといえる。

これは山口組に限ったことではない。平成20年3月末現在で、指定暴力団として認定されている暴力団組織は22団体あるが、その多くが、時に警察の激しい取り締まりの対象となりながらも、壊滅することはなく、生きながらえてきた。

その象徴的な人物が、稲川会の初代会長、稲川聖城（本名・稲川角二）元総裁である。平成19年12月22日、肺炎のため93年の生涯に幕を閉じた。現存する暴力団組織のなかで、初代が存命だったのは稲川会しかなかった。戦後の混乱期からバブル経済、そして現在に至るまで、ヤクザの歴史とその資金源の変遷を知る数少ない人物だったのかもしれない。暴力団は、その時代時代に対応しながら、組織の存続を図ってきている。

なぜ、暴力団はいつの時代にも存在することができたのか。その答えは、どの時代においても、組織を維持するために欠かせない資金源を持ち続けてきたことにあるだろう。そして、現在の株式市場やベンチャー経営者のように、暴力団の資金獲得活動に社会そのものがかかわり、その存在を許容してきた面もあったといえる。

この章では、全国最大の暴力団、山口組の歴史を中心に暴力団史をひもときながら、暴力団の資金源がどのように変遷し、そして現在の「ヤクザマネー」に辿り着くようになったのかを、明らかにしたい。

山口組の躍進

暴力団という存在はいつからあるのか。暴力団という名称は、昭和30年代以降、警察が名づけたものだが、賭場を開く博徒、縁日で露店を営んでいた的屋、繁華街で違法行為を繰り返していた不良青少年からなる愚連隊は、明治、大正の時代からあったといわれている。いずれも自分たちの賭場や露店を開く縄張りの支配権を維持するために、縄張り内で発生するトラブルをみずから解決するために暴力を組織的に行使する能力を持ち合わせていたと考えられている。

山口組の誕生は、大正時代にさかのぼる。

「淡路島生まれの漁師、山口春吉（初代組長）は、神戸へ出てきて、海運業の労務者として働くようになったが、その後、労務者供給業を始め、大正4年ごろには、神戸市兵庫区を本拠に、労務者40~50人を抱え、山口組を名乗るようになった」（『広域暴力団山口組壊滅史』）

当時の海運業は、人力で荷下ろしを行っており、その労務者を派遣する労務者供給業は、いまでいう人材派遣業にあたるのだろう。そして、山口登二代目組長の代で、当時の娯楽の中心であった浪曲界に介入していくことになったという。

「大正14年、23歳の若さで二代目を継いだ山口登は、新設される神戸中央卸売市場内の利権獲得をねらって、兵庫区切戸町に本拠を移し、昭和7年、市場の開業とともに、強引にその運搬作業を独占、強力な資金源を確保した。

次いで、昭和7年ごろから、浪曲興行利権の獲得に乗り出し、その興行権の総元締めをしていた東京・浅草の興行師に接近、全国的な浪曲花興行権を独占することに成功した。

また、浪曲のほか、歌謡曲や大阪角力の興行、さらには、地方劇場興行利権を獲得するなど、資金面、勢力面とも目ざましい飛躍をとげ、〝切戸の親分〟として関西一円から注目さ

れるに至った」（同前）

これが山口組初期の「シノギ」とみられている。あくまで関西に地盤を置き、土地の利権を確保することを資金源とした暴力団組織だった。

山口組の全国進出は、田岡一雄三代目組長の登場によって実現されていったという。「広域暴力団山口組壊滅史」によると田岡三代目組長は、大正2年3月28日、徳島県三好郡三庄村に生まれた。幼少に両親を失い、神戸市兵庫区に住む叔父に引き取られて養育され、昭和2年、高等小学校卒業と同時に、造船所に見習工として就職したが永続きせず山口組に入ったという。

昭和12年2月、組事務所に殴り込んできた博徒を一刀のもとに斬り捨て、これにより懲役8年の刑を受け、出所後、終戦直後の昭和21年、三代目を襲名したとされている。

そのころ、闇市では博徒や的屋、愚連隊が、縄張りを主張し合い、互いに縄張り荒らしを行っていた。山口組も例外ではない。当時、新しく始まった競馬や競輪、そして競艇の利権をめぐって、山口組はほかの暴力団組織と激しい戦いを繰り返した。

昭和23年7月に、競馬法が施行。翌昭和24年には、姫路、阪神競馬場が、それぞれ開かれた。同じ昭和23年には、自転車競技法施行に伴って、その後、神戸、甲子園、明石の3つの競輪場が開設された。また、昭和26年には、モーターボート競走法が施行。翌年の昭和27年には、尼崎競艇場センタープールが開場した。

競馬、競輪、競艇の相次ぐスタート。国が法律をつくって推し進めた事業に、山口組をはじめとする暴力団は一斉に介入しようとした。

神戸競輪場では、山口組を含め6つの暴力団組織が、警備員として入り込んでいた。警備手当が支給されたほか、予想屋、売店、タクシーに対する縄張りを決めて、それぞれ介入していたのだ。その際、山口組は、強引な割り込みを行ったために、昭和24年10月、対立組織との間で抗争事件を引き起こしたと記述されている。

山口組の田岡三代目組長は、こうした資金源の争奪戦は配下の組員に任せて、みずからはほかと違う資金源を模索した。

初代、二代目が始めた、興行と港湾荷役の業界への進出を進めていったのだ。競馬や競輪、競艇のノミ行為がのちに違法行為として警察の取り締まりを受けると、山口組は合法的な2つの資金源を持つことで、大きな前進を果たすことになる。

新たな資金源

そのひとつが、戦後のスター歌手たちを中心とした興行ビジネスだった。田岡三代目組長は資本金100万円で神戸芸能社を立ち上げ、戦後の庶民のわずかな楽しみのひとつだった歌謡界、芸能界をみずからの資金源にしようと動き出す。

合法的な「シノギ」といっても、やはりその背後に、暴力性が見え隠れする。

「田岡（三代目組長）は、爆発的な人気を続ける天才少女（本文では実名）を山口組の将来の資金源にすべく工作した。田岡の機嫌を損ねた映画男優（本文では実名）は、昭和28年1月6日夜、大阪市内の大劇に出演中、旅館で、山口組組員らに襲われて負傷した。

高額なギャラの支払いと、このような暴力による圧迫は、芸能界の一流タレントに、田岡（三代目組長）に対する盲目的な服従を余儀なくさせていくことになる。

全国一流歌手の興行を希望する興行社は、神戸芸能社を経由しなければならなくなり、ここに、興行利権を完全に掌握したわけで、その勢力は東京以西の全域にわたった」

前出の『広域暴力団山口組壊滅史』には、このように書かれている。

その後、山口組の興行利権は、全国的に人気が沸騰したプロレス興行にもさらに広がっていった。

もうひとつは、港湾荷役である。

初代、二代目の時代にもすでに進出していた分野だが、戦時中には運輸そのものが統制され、昭和17年12月、港湾運送事業等統制令に基づいて、ひとつの港にひとつの会社というように統制されていた。ところが終戦によって、統制会社が解体され再び、山口組が食い込む余地が生まれたのである。

まず復活を遂げたのが旧財閥系の倉庫会社だったが、うま味が少なく危険性の多い船内荷役業からは手を引き、もっぱら元請業務を主体とした。となると、船内荷役はどうなったかというと、やはり入り込んできたのは、山口組だった。独占状態になった港湾荷役において、山口組は独自のネットワークを築き上げ、そこから上がる収益は膨大だったと指摘されている。山口組系船内荷役業者による企業収益は、申告による所得だけでも、年間60億円に達したという。

山口組、田岡一雄三代目組長は、賭博や恐喝、それにノミ行為といった犯罪行為とは一線を画した、合法的な資金源を確保することに成功していた。

ヤクザは事業を持て

山口組は、ヤクザ組織ではあっても、資金を稼ぎ出すことに特化した〝社長〟ヤクザの存在も積極的に認めていたといわれている。その者たちには、配下の組員を持たせず、抗争事件にも参加させず、ただひたすらに資金の獲得に邁進《まいしん》できる環境づくりをしていたという。

資金源の確保に関して、田岡三代目組長が、昭和37年末に開かれた幹部会の席上で語ったとされる言葉がある。

「ひとつ、これからのヤクザは、バクチやその寺銭では食えなくなるから、皆、事業を持つように心がけること。

ひとつ、事業を持つ者と、持たぬ者を区別し、事業を持つ者は直轄の若衆を持たないようにする。

ひとつ、組員一人のけんかに組全部が動くのは馬鹿げたことである。

今後は、組に迷惑をかけず、〝一人一殺〟主義によって組織の防衛を図れ」（前出『広域暴力団山口組壊滅史』）

割に合わないけんかよりも、「シノギ」――。

武力と経済力の両輪を持った、現代型の暴力団組織は、すでに田岡三代目組長の時代から志向されていたことになる。

経済力を確立した山口組は、昭和35年ごろから全国各地への進出を開始した。その方法は、アメとムチを使い分ける巧みな戦術だった。

その戦術を警察は次のように分析している。まず、興行を理由に県外へ乗り込んでいく。

そこで、興行利益の一部配当などを行って、地元組織と友好関係を持つとともに、興行権ほしさに山口組の傘下に入るように仕向けた。資金源になると目をつけた地域には、支部的なたまり場を設けて、少しずつ支部の設立を進めていくが、それに反対する組織があれば、山口組の「菱形」と呼ばれる代紋で相手を威嚇し、さらには相手方を圧倒する人員を関西から派遣して対立抗争に持ち込み、一挙に叩き潰す。

こうした分析をもとに、警察は山口組をはじめとした暴力団の集中取り締まりを開始する。昭和30年代を通じて、暴力団の勢力は増加を続け、ピーク時の昭和38年には、全国の暴力団の勢力は、実に18万人に達した。いまの2倍以上の数だ。

警察は、翌昭和39年から全都道府県の警察が一体となって、違法な資金獲得活動を狙った取り締まりを強化した。いわゆる、第一次頂上作戦だ。

その結果、解散を表明する暴力団組織が相次ぎ、さらに昭和45年からの第二次頂上作戦でも、取り締まりの強化は続いた。

しかし、山口組や稲川会といった大規模な暴力団は、すでに資金源を多様化させており、明らかに違法な資金獲得活動以外の資金源を持っていたことから、生き残りを図ることができたとされている。

山一抗争、企業舎弟

代を継ぎながら、生き残る暴力団。

ＮＨＫは、過去にも暴力団に取材した番組を制作している。

山口組の田岡一雄三代目組長の後を継いだ、竹中正久四代目組長の襲名まもない昭和59年8月27日には、ＮＨＫ特集『山口組～知られざる組織の内幕～』が放送された。

「7月10日。徳島県鳴門市。

警察の中止勧告を無視して、山口組四代目組長の襲名式が行われた。

故・田岡組長の代理を務める、文子未亡人から盃を受けたこの瞬間、四代目山口組、竹中組長が誕生した。

〝鉄の団結〟を誇ってきた山口組。

しかし、竹中組長の襲名をめぐって、組織は分裂した」

このようなナレーションで始まるこの番組は、竹中組長の襲名に反発して離脱した一和会との間で繰り広げられたいわゆる「山一抗争」の真っ只中に放送された。

竹中四代目組長みずからがインタビューに応じたほか、当時の山口組の最高幹部の面々、対する一和会の最高幹部たちが次々にインタビューを受けた。翌昭和60年1月26日、竹中四代目組長は一和会系の暴力団員らに銃撃されて翌日、非業の死を遂げるが、この番組の映像は、いまとなっては貴重な記録となっている。

「ひとりの男が金融機関に電話をしている。不良債権の物件を売る交渉をしているのだ。

この男は暴力団とつながっているが、組の名簿には載っていない。

表向きは、小さな会社の社長である。

暴力団の資金源となっている彼らは、〝企業舎弟〟と呼ばれている。

企業舎弟。暴力団の準構成員として、暴力団の威力を背景に、合法企業の形で利権をあさり、暴力団に資金を提供する者。

〝バブルのときは地上げで儲けて、バブルが崩壊すると、また不良債権処理で儲ける。まぁヤクザ一人勝ちですな〟

バブル崩壊の後遺症をひきずる日本経済に、企業舎弟たちは巧みな手口で食い込み、暴力団に多額の資金を流し、水面下で支えている。

この番組は変貌する暴力団の実態を描いたものである」

平成9年4月6日放送の、NHKスペシャル『闇の暴力　企業舎弟』。渡辺芳則五代目組長の時代、暴力団の素顔を隠して経済活動を行うことで社会問題となった「企業舎弟」に焦点を当てた。ひとりの「企業舎弟」に密着取材を行い、バブル崩壊後でも不良債権の処理で暗躍する暴力団の経済活動を描いた。

2人の大物

「武力」と「経済力」。その両輪の確立が、暴力団を生きながらえさせてきた。しかし、その「経済力」でひときわ異彩を放ち、「経済ヤクザ」という名前を確立させたのは、山口組五代目体制で若頭の立場で組長を補佐した宅見勝元組長と、稲川会の石井隆匡（本名・石井進）元会長だろう。

今回の番組を取材するにあたって、稀代の「経済ヤクザ」の2人に近しかった暴力団幹部らへの取材を試みた。いずれも話を聞くにとどまり、撮影までには至らなかったが、宅見元組長、石井元会長の2人が行っていた経済活動が、時代とともにさらに変化していった姿が、「ヤクザマネー」につながっていると感じた。

東京・千代田区丸の内。皇居を望む高級ホテルのロビーで、宅見元組長と近しかった暴力団幹部の男と会った。男は、ノーネクタイということを除いては、丸の内のビジネス街で見かけてもおかしくないような、普通のビジネスマンという感じだった。

男は座るなり、アイスコーヒーを注文して、こう話し出した。

「言えることと、言えないことがあるから、その辺は承知してもらいたい。

先代（宅見元組長）に関しては、いろいろな新しい分野で事業を始めたり、一般の企業経営者の方々との付き合い方といったものを勉強させてもらった。たとえば、こういうホテルでも先代はふらっとひとりで来たものだ。若い衆を連れてくることは本人が嫌がった。逆に目立つし、若い衆がいるなかで、商売の話はできないとも言っていた。

これからのヤクザは、自分で事業を持つなり、パートナーとなる共同経営者を持つなりして、法に触れない合法的なビジネスをシノギにしないとダメだと言われたことが印象に残っている。そのためにも、法律をきちんと勉強することが肝心だと。法律が分かっていないと、法律の穴も分からないし、穴が分からないと、人より先んじたシノギができないと言っていた。先代の言葉、やり方はいまの我々の世界に通じているんじゃないですか」

宅見勝元組長は、平成9年8月28日、新神戸オリエンタルホテル（当時）4階の喫茶店で、中野会系の暴力団員に銃撃され、死亡した。山口組五代目体制の若頭という絶頂でこの世を去った。

宅見元組長は、不動産業や金融業の「フロント企業」を数多く傘下に抱え、そこから上がる巨額の収益を「シノギ」とした。

その資金力を物語る事件がある。平成3年12月に、カナダのバンクーバー市にある2階建ての土地付き住宅を購入する際、海外で銀行口座を開設するにあたって必要な大蔵大臣の許可を受けずに、カナダ銀行に口座を開設したうえ、住宅の購入代金を支払う売買契約を結んで、代金40万カナダドル、日本円にして4600万円を不正に送金した事件だ。この事件で、宅見元組長は大阪府警察本部によって外国為替法違反の容疑で逮捕された。この事件は最終的に、罰金50万円の略式命令となったが、逮捕直後に、持病の糖尿病などの悪化を理由に釈放され、フランス・パリ市内の病院へ入院しようとした際に、フランス政府に入国を拒否され、一度も飛行機から出ることなく、そのまま帰国する事態となった。このUターン劇は現地でも大きく取り上げられ、「ジャパニーズ・マフィア＝ヤクザのボス」として国際的にも話題になった。

宅見元組長が法律に精通していたのも事実で、平成4年に暴力団対策法が施行され暴力団の指定に先立って、兵庫県公安委員会で開かれた聴聞会では、渡辺五代目組長の代理として出席し、「山口組は、任侠団体であり、暴力団ではない。暴力団対策法は憲法違反だ」と自説を展開している。さらに、山口組が指定暴力団とされると、その処分停止を求めて訴訟を起こすなど、旧来のヤクザでは考えられないような活動を展開した。暴力団という枠組みにとどまらず、広く一般社会への進出、とりわけ経済面で際立った進出を強めたのが、宅見元組長だった。

佐川事件の黒幕

東西の違いはあれど、経済界、政界に太いパイプを持つに至ったもうひとりの「経済ヤクザ」がいた。稲川会の石井元会長だ。

石井元会長と近しかった人物の話も紹介しておきたい。

「会長（石井元会長）は、政、財、暴のネットワークを我々にひけらかすことはなかった。ただ、いろいろなところから電話がかかってきていたのは事実で、本人が望むと望まざるとにかかわらず、会長の力が必要な場面があったということでしょう。

個人的な感想としては、会長はヤクザにならなくても、十分企業経営者としても成功するだけの手腕があったと思う。企業経営、ゴルフ場開発、株式投資と、会長が手広くやっていたシノギは、いまでは一流の組織がみんなやっていることですよ。そういう意味では、会長は、いまの我々の源流であったのでしょうね」

石井元会長の名前を一躍世の中に広めたのは、東京佐川急便事件だろう。東京佐川急便の渡辺広康元社長らが、平成元年から平成3年にかけて、石井元会長とつながりのある会社や不動産グループに、債務保証や融資の形で400億円あまりの資金を不正に提供したとして、商法の特別背任の罪に問われたものだ。

この事件のなかで、政治を巻き込んだある問題が明らかとなる。自由民主党の竹下登元首相（故人）の政権が成立する直前。「金もうけのうまい竹下さんをみんなで応援しよう」と右翼団体が「ほめ殺し」と呼ばれる活動を展開したことに対して、渡辺元社長が、金丸信副総裁（故人）に、その活動を抑えるよう頼まれ、トラブル解決を石井元会長に依頼したとされるものだ。世に言う「皇民党事件」だ。石井元会長の介入で攻撃は止むことになるが、このときのトラブル解決の依頼がきっかけとなって東京佐川急便から石井元会長の関係企業への不正な資金提供が行われていくことになった。

もうひとつ有名なのは、東急電鉄株買い占めだ。平成元年4月から、石井元会長は東急電鉄株の買い占めを始める。手にした株を担保に、野村證券と日興證券（現・日興コーディアル證券）の関連会社から、合わせて360億円の融資を受け、さらに買い占め資金にあてていった。また茨城県内のゴルフ場の将来の会員権預かり証と引き替えに、大手建設会社や大手証券会社の関連会社などからも合わせて380億円の資金を集め、平成元年4月から11月までに、2700万株あまりの東急電鉄株を買い占めた。この株買い占めは、暴力団と取引をした証券会社の姿勢も厳しく問われ、大きな社会問題となった。

暴力団の二極分化

そして、いま。

現代の暴力団は、昔のように表舞台に登場することを嫌うようになっているという違いはあるものの、アンダーグラウンドの地下経済では、依然として主役であり続けている。取材した暴力団幹部のひとりは言う。

「経済ヤクザの活動は、昔の宅見元組長、石井元会長のときのほうが活発だったのかといえば、実はそんなことはない。確かに、名前の売れたメジャーどころは減ってきているように見えるかもしれない。ただ、それはメジャーどころがいないわけではなくて、表舞台に名前も顔もさらして出てくることがなくなってきたというだけのことだ。むしろ昔と比べると、たとえば、石井元会長が得意とした株取引なんかは、いまは特定の幹部だけではなく、裾野が広がって、誰でもやっているのが現実だ」

そして、暴力団の世界で、カネの重要度は年々高くなっている。

一般社会でも格差が問題になっているが、暴力団の社会でも、富める者と落ちる者に二極分化してきている。

とりわけ平成19年は、資金に窮して暴発する暴力団の凶悪事件が相次いだ。

平成19年4月17日。長崎市の伊藤一長市長（当時61歳）が、選挙期間中に、ＪＲ長崎駅前の選挙事務所の前で、山口組水心会系の暴力団員に拳銃で撃たれ、翌日死亡した。この男も、資金に窮する暴力団員のひとりだった。警察の調べに対して「資金源だった建設会社が公共工事を受注できなくなったことなどから、市の対応に不満を持った」と供述している。

また4月20日には、東京・町田市で極東会金原組系の暴力団員が拳銃を発砲しながら自宅に立てこもったほか、5月17日には愛知県長久手町の住宅で、元暴力団員が人質を取って立てこもり、発砲した銃弾を受けた警察の特殊部隊「ＳＡＴ」の隊員が死亡した。暴力団の世界で広がりつつある経済的格差。資金に窮した暴力団員の暴発は、いつ何時、私たち一般市民、一般社会にも危険を及ぼすかわからない新たな脅威となっている。その一方で、取材で出会ったなかには、明らかにカネ回りがいい暴力団員がいた。そして、カネの力で若くして組長にまでのしあがったケースもあった。

ヤクザに弟子入りする若者

ある暴力団組長とはじめて出会った際の驚きは忘れることができない。東京・銀座の待ち合わせ場所に乗りつけられた黒塗りの高級車センチュリー。この車が暴力団幹部の送迎に好んで使われるのは、頑丈な造りと居住性の良さゆえだ。

3人の組員をボディーガードに従えながら後部座席から降り立ったのは30代前半の若い男だった。

ブランドもののジーンズに黒いシャツを着こなし、俳優のような整った顔立ちの男は、私たちがイメージする暴力団組長とは似ても似つかない。しかし差し出された名刺には、誰もが知る広域暴力団の組長としての肩書が刻まれていた。

組長の男は組織とシノギの具体的な中身は一切語ろうとしなかった。そのかわり、最近の暴力団の変化を感じさせるあるエピソードを披露した。この男が高校生だったころ、おそろいのレザージャケットとベルボトムのジーンズに身を包み、東京・渋谷の繁華街などでたむろする「チーマー」と呼ばれる不良少年たちが我が物顔で街を闊歩していた。この男もチーマーのグループの幹部として君臨し、若者が集まるパーティーなどを開いては多額のカネを稼ぎ出していたという。

「高校生の時代から月に100万とかは稼いでいたからね。まともにサラリーマンになる気なんて起きないでしょ」

チーマーを卒業した後は、高校時代からつながりのあった暴力団の企業舎弟として活動し、ヤミ金融などで稼ぎ出したカネを組織に納めてきた。

しかし20代の半ばにさしかかったころ、暴力団側からスカウトされる形で、正式に組員になった。チーマーとして活動していたころの人脈が、ヤクザとして「シノギ」を得るうえで大きな力になったという。

「当時のチーマーっていうのはいろいろな奴がいたんですよ。有名な私立のお坊っちゃん学校に通っていた金持ちのボンボンとかね。そういう奴らがいま会社をやったりしてビジネスで成功している。もちろんヤクザの世界にも何人も仲間がいる。当時の東京中の不良が知り合いだからカネ儲けのヒントは仲間内でいくらでも転がっているんですよ。こういうのは田舎から出てきた悪ガキには真似できないでしょ」

ヤクザになって10年足らず。かつての不良グループの人脈を生かして稼ぎ出した巨額のカネを組織に上納するたびに、この男は組織の階段を駆けあがった。いまでは100人近い組員を抱える組長にまでのし上がり、配下の組員からは最低でも毎月2000万円がこの男に上納されるという。

「カネが稼げれば下の人間がついてくる。そうなれば組が大きくなってケンカも強くなるから、組のなかでも地位がどんどん上がっていく。いま30代の組長は別に珍しくないと思うよ」

男から聞いた興味深いエピソードがある。洗車のため訪れたガソリンスタンドでの話だ。何度か男のセンチュリーの洗車を担当していた20代半ばのアルバイトの男性が、突然泣きついてきたというのだ。

「真面目そうな若い子が、『先輩の弟子にしてください』っていきなり土下座してきたんだよ。俺みたいにカネを稼げるようになりたいってね。バイトだけじゃ給料が安くて生活できないみたいなんだ。『俺はヤクザだよ、それでもいいの』って言ったんだけど。『構いません、弟子にしてくれるんなら何でもやります』っていうんだよな」

このアルバイト店員は、いま正式な暴力団員として男の組織に所属するようになったという。

ワーキングプアの時代、勝ち組と負け組を分かつものは、カネだけである。カネだけが唯一の尺度という考えは、ますます蔓延している。

たとえヤクザであろうと、カネ回りさえよければ勝ち組——そう考える人は、確かに増えている。

第六章　翻弄される捜査

変貌する資金源

東京・千代田区霞が関。中央合同庁舎2号館17階。

ここに、警察庁の組織犯罪対策部がある。

組織犯罪対策部には、全国の暴力団捜査を統括する暴力団対策課のほか、暴力団をはじめとする組織犯罪の情報を統括する企画分析課がある。

この組織犯罪対策部のある幹部から、興味深い話を聞いた。ここ数年、暴力団が警察と距離をおいて地下に潜り込んでしまう、いわゆるマフィア化が進んでいるというのだ。

「暴力団が、年々、マフィア化してきている。昔は、俺はヤクザだということを公言したり、その威力をちらつかせたりしていたが、今は表立って派手に動かなくなってきた。もちろん、アンダーグラウンドでは動いているんだが、何せ尻尾がつかめない。情報を取ろうにも、暴力団側は、警察との接触は厳禁、場合によっては、破門、絶縁にまでするとしている組もあるくらいだ。我々、警察の側も、暴力団に人脈を持った刑事が減ってきているし、若い刑事は、そもそも暴力団事務所に行くことすら嫌がる始末だ。だから、〝取調室で協力者をつくれ〟というのが、いまの合い言葉になっている。

もはや、娑婆《しゃば》では、暴力団の協力者はつくれない。逮捕した後、取調室でじっくり話をしていって協力者をつくるしかない時代になってきている。山口組の最高幹部の髙山清司若頭は、一度でも逮捕された者は、警察の協力者になっている疑いが捨て切れないから、前科・前歴のある若い衆は自分のボディーガードには使わないという情報が伝わっている。昔のように馴染みの捜査員に頼まれたら引き下がってくれるという話し合いのできる関係ではなくなりつつあり、地下に潜りはじめている。その一方で、経済活動では、ヤクザという看板を巧みに隠しながら、我々、一般社会に密かに浸透してきている。このようなマフィア化が進んでいる暴力団と、いかに戦っていくのか。警察は真剣に考えなければならない時代に入っている」

かつて警察は、暴力団に対して大規模な戦いを2度にわたって行ってきた。

全国の暴力団の勢力が18万人というピークに達したことを受けて、昭和39年から始まったのが、「第一次頂上作戦」である。その際、服役した暴力団の幹部たちの多くが出所し、組織の復活や再編を図ろうとしたことを受けて、昭和45年から「第二次頂上作戦」が始まった。

しかし、暴力団は、形を変えながらも生きながらえて現在に至っている。

警察は、再び暴力団の資金源にターゲットを絞り込んで、挑戦を始めようとしていた。

あるバカラ賭博場の摘発シーンは、警察と暴力団の戦いを象徴している。

「ガン！　ガン！　ガン！　ガン！　うぉぉぉぉぉ！」

頑丈に鍵がかけられた賭博場の扉を、棍棒のようなもので叩き壊して店内に雪崩れ込むようにして突っ込む捜査員たち。

この賭博場は、暴力団の資金源になっていた。

「お客さんだよ。お客さんだよ。手を上げて頭に乗せろ！　乗せろ！」

捜査員が、自分たちのことを「お客さん」と呼ぶのは、お客さんを扱うときのように、丁寧に捜査に協力しろよと威嚇するニュアンスが含まれている。賭博場の店員のなかには逃げ出そうとする者もいたが、すべて連れ戻されていく。

警察の捜査で、この賭博場では、営業開始から1年ほどの間に、10億円を超える違法な収益を上げていたことが分かった。その収益の一部を、住吉会系の暴力団組織に上納していたのだ。

平成4年に暴力団対策法（暴対法）が施行されてから、警察は、こうした違法なバカラ賭博場やポーカーゲーム店、それに風俗店への取り締まりを強化してきた。店からは、巨額な違法収益が上がり、暴力団の大きな資金源となっていたからだ。警察としても、店という表に見える「ハコ」があることで、どの店がどの暴力団組織とつながっているという情報や、店から暴力団にどれくらいの資金が流れているのかといったことを、ある程度、把握することができていた。繁華街に店を構える賭博場や風俗店は、警察にとっても監視の目を光らせやすい対象だった。

しかしいま、暴力団の資金源が、株取引やベンチャー投資といった分野に広がり、その実態が見えにくくなっている。

ヤクザの動きが分からない

変貌を遂げる暴力団の資金源を前に、捜査の現場ではどのような問題が起きているのか。今回、暴力団捜査の専門チームである、警視庁組織犯罪対策四課（通称、組対四課）の２人の捜査員に同行取材した。

「組織犯罪対策四課」は、５年前の平成15年に、「捜査四課」から衣替えした捜査員２００人あまりを抱える組織である。暴力団捜査というと、刑事ドラマなどでおなじみの「捜査四課」のイメージが強いが、「捜査四課」はすでにない。古参の刑事は、「捜査四課」の名前が消えることに寂しさを感じたという。かつての「四課」は、警視庁のなかでも強烈な存在感とプライドがあった。

今回、取材した2人は、そうしたたたき上げの「四課デカ」たちだった。

ひとりは、物腰の柔らかな人情派という印象のベテラン刑事だが、警視庁のなかでも一目置かれる存在だった。山口組が平成に入って東京進出を推し進めた際、その先兵となった直系組織の後藤組の資金源の取り締まりに当たった。後藤組は武闘派としても知られ、その戦闘力を背景に、経済にも強い組織として知られている。平成4年に、映画『ミンボーの女』で民事介入暴力を描いた伊丹十三監督を、後藤組の暴力団員が襲撃。この刑事は、その事件の捜査にも当たってきた。

もうひとりは、40代の強面の刑事で、柔道の達人だった。

2人の捜査員は、長年にわたって築き上げた人脈を駆使して暴力団の内部情報を取り、それを端緒に事件の捜査に当たってきた。ここ数年は、暴力団の資金が株式市場で膨張し、さらに膨らんだ資金が抗争事件や銃犯罪に使われ、市民生活を脅かしかねないと、警戒を強めていた。

捜査員は、この日、定期的に情報を提供してくる暴力団関係者に会うことになっていた。捜査員と暴力団関係者の双方の顔を映さないことを条件に、撮影することができた。

（捜査員）「株なんか、最近、どう？ 動いてるの？」

（関係者）「友人が兜町でやっているけど、やっぱり、かなり関西から事務所開いているみたいだけどね。ただ、なかなか表向きは、ヤクザかどうか、分かんないって言っているね」

（捜査員）「中身は詳しく入ってきている？」

（関係者）「なかなか入ってこないよ。警察が暴対法で万里の長城を築いちゃったから、あんまり内部情報を言ってくれる組長もいなくなってきた」

（捜査員）「どこから漏れたかも調査は激しい？」

（関係者）「調査は激しいよ。粛清されちゃうよ。代が替わる前は、いろいろな情報が流れてきてよかったんだけどね。いまは流れてきても、犯人探しのためにあえてウソの情報を流すこともあるらしいから、扱いは気をつけないと」

（捜査員）「こっちの捜査もなかなか難しくなってきているよ。カネの動きが見えないから。昔はシマがあって、そこからの上がりを見ておけばよかったんだけど、いまはカネの動きが見えないからな。何かあったら、また頼むよ」

この日の情報収集はおよそ1時間に及んだが、暴力団の資金源について、具体的な情報は得られなかった。暴力団の資金が、株式投資など一般の経済活動に紛れ込んでしまっているため、それと見極めることが難しくなっている。

捜査員は、暴力団の劇的な変化に捜査がなかなか追いついていかない現状を語った。

「たとえば、株だとか投資ね。ファンドだとかいうのは、いままでは暴力団が手を出すことは、そんなになかったわけです。金額も大きいので、彼らも当然見逃さないで、どんどん入ってきているのが現状なんです。

その比重っていうのかな、資金源の比重というのが高まってきているので、なかなか実態が見えなくなってきているんです。昔は、暴力団はテリトリーというかシマがあって、そのなかで活動してきたのが、いまは、株取引にしても、経済取引というのは、場所的な制限がないですから、どこで、誰がやったって分からない。暴力団が、どこでどういうふうに動いているかという見極めが、本当に難しくなってきていますね」

混迷を極める捜査

警察は、ここ数年、暴力団が少しでも関与している疑いがあるケースは、積極的に事件化に向けて捜査を進めてきた。とりわけ、株取引や、企業の増資や合併、不動産取引といった経済活動には目を光らせ、その裏側に暴力団の関与がないか捜査を進めている。しかし、なかなか暴力団そのものの摘発にまでは至っていないのが現状だ。

ここ数年、警察が摘発した。証券業界と不動産業界を舞台にした２つの経済事件を例に見てみたい。

平成19年３月７日、大阪府警察本部が暴力団絡みの経済事件の摘発に乗り出した。大証へラクレス市場に上場していた東京のＩＴ関連会社の株価をつり上げるために、仲間どうしが同じ値段で株の売買を繰り返す「なれあい売買」を行ったとされるものだ。大阪・西区にあるパチンコ情報提供会社の元役員と東京の投資顧問会社の役員らが証券取引法違反の株価操縦の容疑で逮捕された。パチンコ情報提供会社の元役員は、かつて山口組系の暴力団員だったという。しかし、現役の暴力団員の関与や、資金の流れは明らかにならなかった。

もうひとつは、平成20年３月４日、警視庁が摘発に乗り出した大規模な地上げ事件だ。

東京の都心部では、バブルの再来ともいわれるほど、大規模な開発が続いているが、東京・千代田区麴町の一等地のオフィスビルの地上げをめぐって、大阪の不動産会社の社長らが、弁護士の資格がないのに、入居者と立ち退きの交渉をしたとされる事件だ。不動産会社の社長ら10人が弁護士法違反の容疑で逮捕された。

地上げの依頼は、東証２部上場の建設会社から行われ、その報酬として巨額の資金が、社長らが逮捕された不動産会社に渡っていた。

この不動産会社は、山口組系の暴力団と関係が深いとして警察がマークしていた対象だったことから、警視庁は、口座の捜査も行ったが、結局資金の流れはすべて解明されないまま捜査は終結された。

さらに警察の捜査を難しくさせている興味深いデータがある。それは暴力団の姿が変容してきていることを明確に示している。暴力団の組事務所に登録する「構成員」よりも、登録せずに暴力団とのつながりを隠して資金獲得の経済活動を行う「準構成員」のほうが数が多くなったのだ。平成18年末で、はじめて「構成員」と「準構成員」の数が逆転し、平成19年末では、「構成員」が4万900人に対して、「準構成員」は4万3300人となった。「準構成員」のなかには、暴力団とのつながりを隠して経済活動を行う「企業舎弟」がいる。あえて組から抜けて「クロ」から「グレー」になり、動きやすくなる。しかしもともとは「クロ」だったことから、暴力団の構成員情報を収集している警察にとっては、まだ実態を把握しやすい相手だった。

しかし、「シロ」から「グレー」になる「共生者」の出現で、さらに問題が深まる。第四章で詳しく触れた元証券マンや元銀行員、元公認会計士たちは、暴力団とは何の関係もなかった一般人だ。「共生者」の素姓を、警察が把握しづらいのはそのためだ。

暴力団捜査をますます難しいものにしている「共生者」の存在、その現状について警察庁の貴志浩平暴力団排除対策官に話を聞いた。貴志対策官は、警察庁のキャリアで、民事介入暴力や企業対象暴力にかかわる暴力団を排除する取り組みを指導するとともに、暴力団事件の捜査の指揮にもあたっている。

「最近では、さまざまな経済犯罪ですね。証券あるいは会社が絡んだ経済犯罪を敢行するグループと、暴力団がネットワークを結んで、巨額の資金獲得を図ってきている。このようなグループも〝共生者〟と呼んでいますが、どんどん潜在化、巧妙化しながら、資金獲得を図っているというのが現状です。

最近でも、証券市場を舞台にした経済事件や、会社絡みの経済犯罪はいくつも検挙されているが、表の登場人物として暴力団は出てきません。しかし、経済犯罪のグループの背後に、どうやら暴力団とのネットワークが窺える。ただ、それを明確に共犯として逮捕できるかといったら、なかなかそこまで辿り着けない。だからこそ、共生者と暴力団とのつながり、人的つながり、資金的つながりを、しっかり解明していかないと、暴力団の資金を効果的に遮断することはできないという状況になってきている」

知情性

共生者が捜査の障壁となる主な要因、それは暴力団との関係の特殊性だ。これまでも見てきたように、共生者と暴力団を結びつけているものはビジネス、カネである。このため暴力団の世界では、「仕事師」あるいは略して「ゴト師」などと呼ばれることがある。

共生者は、証券取引や土地取引などの専門知識を持ち、自らの本業として経済活動を行うビジネスマンだが、普通のビジネスマンと違うのは、仕事に暴力団のカネを使うことだ。第三章の「ゼクー」で仕事をした小川義之のように、暴力団のカネを利用して自らの仕事をし、そこで得た利益を暴力団と分け合う、いわば共存関係にある。そこにあるのは、契約関係であり、第四章の元証券マンが語ったように共生者と暴力団はいわばビジネスパートナーだ。この関係こそが障壁になっている。

なぜビジネスパートナーという関係が障壁になるのか。そこでキーワードになるのが「知情性」という用語である。

「知情性」とは事情を知っていたかどうか、つまり犯罪行為への関与が疑われた人物について、その人物が犯罪と知って関与していたかどうかということを意味する。犯罪と知ったうえで関与した場合と、犯罪と知らずに関与してしまった場合では、当然、犯意＝犯罪を行う意思は異なり、刑罰に問えるかどうかの判断に大きな影響を与える。このため、捜査当局は知情性があるかどうかを重要視する。

この点で、ビジネスパートナー的な関係性が大きく影響する。ビジネスライクな関係であるがゆえに、共生者と暴力団の間で知情性が切れてしまうのである。

たとえば、暴力団Aが出したカネを使って共生者Bが市場で相場操縦を行ったとする。この刑事責任について、実行行為者である共生者Bは当然、摘発の対象になる。しかし暴力団Aは必ずしも摘発の対象にはならない。ただカネを出したというだけでは、相場操縦そのものへの関与の度合いが分からないからである。

暴力団Aが摘発の対象になるとしたら、暴力団Aが相場操縦を知りながらカネを出していたことを立証する必要があるのだ。これがきわめて難しいのである。この捜査の難しさは、暴力団と共生者それぞれの立場を想像してみれば理解することができる。

「速いカネ」の魅力

まず暴力団側。

暴力団は共生者にカネを出す場合、当然、共生者の仕事の内容を確認する。どんな仕事を仕掛けてどれくらい儲かるのか、リスクはあるのかといったことだ。この際、暴力団にとって最も重要なのは本当に利益を得られるかどうかだろう。

その判断をするうえで、相手の共生者が優秀かどうか、話に嘘や誇張はないか、仮に仕事が失敗してもその他の手段で回収できる可能性はあるかということは気にするだろうが、共生者の仕事の専門的な内容まですべて把握しようとするだろうか。

おそらく細かい仕事の手順を確認するよりは、責任を共生者側に押しつけて、確実に自分に利益が還ってくることを重視するだろう。

手段より結果、利益を押さえる担保さえとれれば、カネを出すのだ。そこで「契約」は成立し、あとは共生者任せとなる。第三章で小川にカネを出した暴力団幹部を思い出してもらいたい。この幹部は「投資をしただけで詳しい内容は知らない」という関係を成立させていた。契約どおりの利益を実現させるのは、共生者側の責任なのだ。よってそこから先の仕事で共生者が不正をしても、それは共生者の責任と言い逃れすることができる。

一方の共生者側。仕事の責任をすべて押しつけられ、さらに失敗すれば手痛いしっぺ返しを受けるかもしれないという大きなリスクを負わされながら、なぜ暴力団のカネに頼るのだろうか。

共生者にとって暴力団のカネにはそれだけの魅力があるのだ。共生者は証券取引などの元手となるまとまったカネを常に必要としている。それがなくては、そもそもスタート地点に立てないのである。

暴力団のカネはリスキーではあるが、反面、細かい審査も面倒な手続きも交渉も担保も何もなしに、いわば信用と約束で手にすることができる。それも即決即融資、1日で何億円ものカネを調達することもできるのだ。

この魅力は第四章の元証券マンが使っていた「速いカネ」という隠語に示されている。冷静に考えれば、もし失敗すれば大変なことになるのは明白なのだが、取材した共生者はいずれも自分の知識や技術、経験に相当な自信を持っていた。暴力団のカネを「危ないカネ」でなく「速いカネ」と呼ぶあたりにその自信が見え隠れする。

「儲かるなら多少グレーな手を使ってもいい、場合によっては不正をしてもバレなければいい。自分にはバレずにやれる腕も経験もある。もし失敗しても別のところからカネ（資金）を引けばいい。いつかはプラスになるはずだ。それだけの実力が自分にはある」

取材を通してつかんだ共生者に共通するイメージだ。暴力団を怖れるどころか、その資金を利用して大儲けしようという自信と野望が透けて見える。

捜査を阻む共生者

こうして考えていくと、共生者の犯罪行為を暴力団側が知っていたかどうか、知情性があるかどうかを立証するのはかなり難しいことが理解できるだろう。

暴力団側にしてみれば、仮に共生者が不正をしたとしても、それは共生者が自らの意志で行ったことであり、こちらが指示をしたわけではないという理屈なのだ。事実、そういう側面はある。

暴力団と共生者はビジネスパートナーとはいえ、お互いの手の内をすべてさらけだしているわけではあるまい。むしろ騙し合いということだってあるのだ。

取材では、むしろ共生者のほうが暴力団を騙しているかのようなケースも聞いた。ある共生者が暴力団のカネで仕事をしたところ、予想をはるかに超える巨額の利益を手にしたにもかかわらず、そのことを隠して、暴力団には少ない額を渡したことがあったという。

ある広域暴力団の幹部は「暴力団だって騙されている。共生者の奴らのほうがもっとワルだったりする」と語っていた。

そして指摘しておきたいのは、ビジネスパートナー的な関係だとはいっても、暴力団はあくまで暴力団で、共生者はあくまで「カタギ」であるということである。

捜査当局の捜査が及んだとき、共生者は調べに対して素直に暴力団の存在を認めるだろうか。暴力団の恐怖を乗り越えて、すべてを告白するだろうか。

おそらく口を割らないだろう。過去、証券犯罪などに暴力団の関与が疑われながら、真実が明らかになってこなかったのはこのためだ。

共生者の存在は暴力団にとってはこれ以上ないほど都合がよく、捜査当局にとってはこれ以上やっかいなものはないのである。

市場の番人

いかに共生者の壁を突き破り、暴力団の資金を遮断するのか。

共生者がクローズアップされるようになった背景には、証券市場における相次ぐ不正がある。

不正の摘発に力を入れる警察や検察の捜査を支えているのが、証券取引等監視委員会（Securities and Exchange Surveillance Commission=SESC、以下証券監視委）だ。金融・証券の専門家でもある共生者を摘発するには、ライブドア事件や村上ファンド事件でも発揮されたプロ集団の専門能力は欠かせない。

彼らは暴力団や共生者の存在をどのように捉え、どこまで迫っているのだろうか。その最前線を取材した。

証券監視委は、委員長と委員2人からなる委員会の下に、各地の財務局も含めると総勢600人の人員を抱える検査・調査機関だ。

主な業務は、証券市場の監視、相場操縦やインサイダー取引などの犯則事件の調査・告発、取引の審査、上場会社や証券業界の検査などで、取引が公正に行われているかどうかをあらゆる側面からチェックする「市場の番人」である。

証券監視委が設立されたのは平成4年。証券会社による損失補塡《ほてん》事件や総会屋への利益提供事件など一連の証券不祥事がきっかけとなって設立された組織で、事件を調べる機関としての歴史は浅いという印象があるが、民間から金融・証券の専門家を積極的に採用するなどさまざまな工夫でノウハウを蓄積してきた。

摘発件数は増加の一途を辿り、平成18事務年度（平成18年7月〜平成19年6月）の一年間で、悪質な刑事事件として告発された事例は13件にのぼる。ライブドア事件のような東京地検と合同の大型事件だけでなく、近年は、現地の警察や検察と合同で、全国のあらゆる証券犯罪の捜査を支えている。たとえば、平成19年6月の「川上塗料事件」では、大阪証券取引所の二部市場が舞台となった。上場企業の本社は兵庫県。そして嫌疑者が居住していたのは埼玉県だった。結果、証券監視委はさいたま地検と合同で3つの県にまたがる事件を摘発した。証券犯罪の裾野が広がるなかで、その摘発に捜査機関が連携して取り組んだ一例といえる。

こうした刑事罰に加えて課徴金などの行政処分も増加している。平成18年12月には証券会社大手の日興コーディアルグループが、不正な会計処理で180億円あまりの利益を水増ししていたとして5億円の課徴金の納付を命じるなど、証券監視委が金融庁に勧告した行政処分の件数も最新の統計で43件と過去最多にのぼっている。

審査課

取材では、担当分野ごとに分かれている5つの課のなかで、市場分析審査課を訪れた。文字通り市場の日常的な監視が任務で不正の端緒をつかむことを使命としている。

取材した当時、市場分析審査課は証券監視委が占める合同庁舎4号館の4階フロアのいちばん角にあった（現在は移転）。エレベーターホールは「証券取引等監視委員会」のプレートが掲げられた分厚い曇りガラスのドアで仕切られ、通常は関係者以外入ることができない。ベージュ色の絨毯《じゅうたん》が敷かれた長い廊下を進み、突き当たりにあるもうひとつの曇りガラスのドアで仕切られたさらに奥の部屋が、審査課だ。

株価操作、インサイダー、機動調査、情報収集の4つのセクションが列をなす部屋は、一見すると普通の企業のオフィスのように整然として、静かだ。モニターが部屋の中央付近の柱に備え付けられ、株価などを示している。それがこの部屋が監視の最前線であることを思い起こさせた。

審査官は30人。案内してくれた担当官が説明する。

「みないろいろな職歴を持っていますが、共通するのは金融・証券のプロだということです。私自身も以前は銀行で働いていました」

元銀行員、証券マン、弁護士、会計士。民間での経験や金融・証券の専門的な知識が、監視の立場に回ったとき、役立つのだという。

審査官たちはそれぞれ2台のパソコン端末を使って、市場で行われているあらゆる取引をチェックする。モニターには株価や出来高の推移を示す細かい折れ線グラフのチャートや上場企業のＩＲ文書などが表示されていた。

担当官が画面を示しながら説明する。

「市場における不公正取引、ディスクロージャー（情報開示）などの違反、それをいかに迅速に明らかにしていくかが第一にあります。日常的には、株価の騰落率をもとに銘柄をチェックします。

たとえば、出来高が増加しながら株価が上昇している場合に、株価に影響する情報がみあたらないケースや、好材料となる情報が発表される以前に出来高が急増していたりすれば、不公正取引が行われている可能性を疑うのです」

株価を左右する重要な企業情報が発表される直前に出来高が急増していたり、「タイミングのよい売買」が見つかったりすると、インサイダー取引が疑われる。

また特段の材料がないのに出来高を伴いながら株価が急騰していると株価操縦の可能性を探る。少しでも疑いがある場合、審査官は証券会社に問い合わせて売買に関与した者を洗い出したり、取引の詳細を確認していく。

不公正な取引の発見には情報も欠かせない。審査官は新聞や雑誌、インターネットなどあらゆる媒体に溢れる情報や噂をすべてチェックするという。

「ネットトレーダーが増えるなかで、ネット情報の影響力がとても大きくなっており、掲示板が与える影響は見過ごせません。また〝風説の流布〟というか、根拠のない書き込みがないかもチェックしています」

さらに最近、重要な情報源となっているのが、一般からの情報提供だ。

ネットや電話による内部告発、情報提供は、ここ数年急増し、最近では年間6000〜7000件にのぼる。こうした口コミ情報が不正発覚の端緒になるケースも少なくないのだという。

地道な作業で集められた情報は、すべて分析されたうえ、部屋の壁一面に備え付けられたスライド式の棚に個別の銘柄ごとにファイルされていた。

蓄積された莫大な情報は、共生者や暴力団による市場での不正のあぶり出しにどのように活かされているのか。

銘柄ごとのファイルとは別に、人物に関するファイルもあるのではないか。仕手筋など怪しげな取引を繰り返している者たち。そうしたデータがあれば、共生者に関するまとまった情報が得られるのではないか。

その情報に触れることができれば、共生者と暴力団の存在が市場全体にどのような影響を与えているかを捉えるうえで重要な資料となる。

しかし担当官の返答は意外なものであった。

「確かに仕手筋と噂されるような人物や怪しげな取引を繰り返している者はマークしますし、ネットなどの噂もチェックします。しかしそもそも私たちの見方というのは、取引という行為そのものに着目して追いかけていくアプローチであって、誰が何をやっているか、という〝人〟からのアプローチではないのです。ですから、暴力団とのつながりがある人物だとか個人の属性に着目して調査しているわけではないのです」

証券監視委には暴力団に関するデータベースそのものがないため、不正行為の行為者が明らかになっても、それが暴力団なのか、共生者なのか、暴力団の周辺者なのかをチェックすのである。よって共生者のリストなどというのはつくりたくてもつくれないのである。

確かに暴力団に関するデータは、暴力団捜査を担当している捜査員が長年の捜査で独自に積み重ね秘匿されてきた捜査情報であり、たとえ同じ公的機関であったとしても、おいそれと簡単に共有できる性質のものではない。

しかし、不正を行う可能性が高い反社会的勢力のデータベースは、市場取引を横断的に分析し、新たなる不正行為を発見するうえで明らかに有用である。

この点について証券監視委の内藤純一事務局長は次のように話した。

「監視委としては、市場の監視というのが最大の目的ですから、取引において不正行為が行われているかどうかという観点で情報収集していきます。したがって不公正取引の背後にどういう人たちが資金を流しているかということを直接つかむということは我々としては情報を持ち合わせていません。

ただ行為の向こう側に反社会的勢力がいるのではないかということが言われているので、それに関しては我々も高い関心をもっていまして、関係当局、具体的には警察との連携が非常に重要です」

海外ファンド

ここ数年、証券監視委が特に強化しているのが新興市場の監視だ。

これまで東証やジャスダックなど東京の取引所は審査課、大証や名証など地方の取引所はそれぞれの地元の財務局がチェックしてきた。しかし平成18年から、新興市場については地方の取引所であっても東京の審査課が直接チェックを担当することになった。より体制の厚い審査課でチェックすることによって監視を厳重にしようという狙いだ。

背景には、不正が疑われる取引が新興市場で急増していることがある。不正が疑われるなどして審査された取引の件数は平成18事務年度1年間で１０３９件。新興市場が設立された8年前の5倍にのぼっている。

証券監視委では、いま、共生者も見据えた独自の取り組みを進めている。それは第四章の元証券マンが使っていたような新興市場における海外ファンドを悪用した手口の解明だ。

調査の現場で指揮をとってきた幹部が説明する。

「いま、不公正取引に手をそめる悪い奴で海外を使わない者はいないでしょう。国内の取引だけで完結しているものはある意味でかわいいほうで、ちょっと悪い奴はまず間違いなく海外を使う」

調査官が注目する銘柄は決まっている。新興市場の銘柄の株主にタックスヘイブン（租税回避地）などに所在する海外ファンドが名を連ねているケースだ。幹部が説明を続ける。

「まともな海外のファンドであれば、流動性の少ない新興市場の株なんかに投資するわけがない。それにまともなファンドであれば投資家のカネを集めて運用している運用者としての責任がありますから、変な運用はできないはずです。

やはり、流動性のある東証一部とか基本的に流動性の高い株に投資するのがまともなファンドであって、新興市場の国際的に名も知られていないような会社の株に投資する海外ファンドというのはどう見てもおかしい」

こういったケースでは、当然、新興市場の特定の銘柄を知っている人物が介在している可能性が高い。つまり、国内の何者かが海外ファンドを隠れ蓑に使っている疑いが生じるわけだ。こういった銘柄に絞って解明作業は実施されている。

しかし、作業は簡単ではない。

取材当日、証券監視委で行われた会議に参加したのは6人。ホワイトボードにチャートが描かれ、議論がスタートした。ホワイトボードのチャートは、くしくも第四章の元証券マンが説明した海外ファンドのスキームとよく似ていた。

今回のケースの概要は、香港のファンドが新興市場で行った取引にインサイダーの疑いがあるというものだ。調査官は海外の法人登記や、現地の捜査当局に協力を求めて情報を集め、ファンドの実体を洗い出していく。

「この香港のファンドの所有者や取締役を調べたところ、ファンドの株主はブリティッシュヴァージンアイランド＝ＢＶＩの別のファンドでした。取締役・ディレクターは法人名だったのですが、住所は私書箱になっていました。おそらくいずれもペーパーカンパニーだろうと思われます」

表に出ている香港のファンドの関係者を洗い出すと、別のファンドやペーパーカンパニーが出てくる。新たに出てきたファンドの登記を調べると、そこにはまた別の海外ファンドが出てくる。幾重にも重ねられたファンドの皮を一枚一枚めくっていく作業だ。

国によっては登記を取り寄せるのにかなりの手間がかかったり、捜査当局の協力を得るのにかなりの時間がかかることもあるという。調査を迅速に進めるため、時には国際会議の場で海外の当局者に直接協力を頼み込むこともある。

地道な作業の積み重ねでファンドの奥の奥に隠れている真の所有者を割り出していく。何ヵ国にもまたがって何重にも重ねられたファンドを追いかけ、真の所有者を特定するまでに数ヵ月かかることも少なくない。

しかし、真の所有者が分かっても、それがゴールではない。もしインサイダー取引なのであれば、その真の所有者がどのようにインサイダー情報を手に入れたかという本件の調査がそこから始まるのである。

会議に参加していた幹部は語る。

「たとえばＢＶＩのペーパーカンパニーなんて十数万出せばネットですぐにつくれてしまうんですよ。つくるのは簡単だが解明するのはそう簡単ではない。しかし、海外の取引で調査に時間がかかるからといって見過ごすことはしない。聖域にしておくことはできません」

担当官によると、海外ファンドを悪用した不公正取引はここ数年従来になく増えているという。一定の知識があれば誰でもネットを利用して簡単に知ることができるうえ、スキーム自体を売るブローカーも存在しているという。こうした事情が背景にあると担当官は分析する。

証券監視委の取り組みは、背後に暗躍する共生者のあぶり出しに一定の効果があるだろう。問題はそのさらに奥で資金を増やしつづける暴力団まで行き着けるかどうかだ。

「ファンドの真の所有者が誰かということはいろいろな努力をして解明していけば分かりま

す。しかし、それが反社会的勢力なのか、暴力団なのか、共生者なのかというところは私たちにはなかなか見えてこない。

そしてさらにその奥、最終的にカネを出しているのが誰かというところまでは、なかなか突き止められないんですね。その本当の裏、そこはたぶん、紙にも書類にも何も残らない世界じゃないですか」

連携の強化へ

警察と証券監視委の前に立ちはだかる共生者の壁。その存在は分かっても、その先にいる暴力団まで辿り着けないという現実。

この現実にどう立ち向かっていくのか。

取材も最終盤にさしかかった平成19年11月、警察と証券監視委が対策を協議するため会合を開いた。警察が持つ暴力団や共生者の情報と証券監視委が蓄積した市場の情報をつきあわせ、共有することによって、暴力団絡みの証券犯罪の摘発につなげようというのだ。個別の事件捜査にとどまらない幅の広い連携が目的だ。

証券監視委の内藤純一事務局長はその狙いをこう語った。

「私どもの持っている情報と、警察当局が持っている情報というのは、性質、内容ともに、全然違います。餅は餅屋ですから、それぞれの立場で、角度で、情報を分析して、それぞれの使命、ミッションを遂行できるような形をつくる。そういう連携体制をつくっていくというのが、非常に重要だろうと思っています」

市場に密かに浸透し蔓延する暴力団と共生者。市場から吸い上げられつづける巨額の富。その被害者は何も知らずに市場に参加している一般の投資家たちであり、本当に資金を必要としているまっとうな企業であり、日本経済そのものである。

エピローグ　漂流するヤクザマネー

『ヤクザマネー』の放送から数ヵ月後、新興市場に上場しているあるベンチャー企業の株価が急落した。その会社の名前を聞いたとき、思わず「あっ」と声を上げてしまった。暴力団と深い関係にある金融ブローカーが、「予言」していた通りだったからである。

そのベンチャー企業は、日本を代表する製造業や商社の度重なる出資を受けて急成長し、資本金は数百億円にのぼっている。そして、いまや誰でも名前を知っている東証一部上場企業の大株主にもなっていた。有望なベンチャー企業の周囲で異変が起こっていると金融ブローカーが語ったのは、平成19年の秋のことだった。

「○社がいま、大変みたいですよ。おたくらが取材している『その筋』の絡みで」

赤坂の小さな通りに面した小料理屋。ブローカーは座布団に腰を下ろすなり話を始めた。この男は、暴力団などからまとまったカネを調達でき、市場にも精通しているとして、業界では有名な存在だ。警察の言葉を使うなら、正真正銘の「共生者」である。

「えっ？　○社が熱いカネに触ったのですか？」

思わず聞き返した。「熱いカネ」とは、その筋の資金のことだ。「速いカネ」とも言うが、そこに潜むリスクを暗示するときは「熱いカネ」と表現する。裏社会の男たちと話すとき、場合によっては隠語を用いて、彼らとの距離を詰めるのが習い性になっていた。

「それがね、東証一部の有名企業まで巻き込まれちゃって……」

ブローカーは愉快そうに顚末を話し出した。

「○社は新興市場の会社だけど、一部上場企業の大株主だったんですよ。でも最近、資金繰りに困って、ある金融屋からカネを借りる時に、その株を担保に入れてしまった。よほど切羽詰まっていたんでしょうね。ところが、借りたカネよりも、担保に差し出した株のほうが価値が高かったもんだから、すぐにどこかへ売られちゃった。結局その株は危ない筋に渡ってしまって、市場で売りさばかれた。それで一部上場企業のほうの株価が急に下がって、大騒ぎになったんですよ」

常々「情報がカネをもたらす」と語っているブローカー。この「大騒ぎ」で、一儲けしたのか、いつにも増して冗舌だった。

「驚いた○社は、売られた株の回収に躍起になっているようです。でも、そもそもカネがないわけですし、早晩、○社は大変なことになると思いますよ」

数ヵ月後、ブローカーの予言通りそのベンチャー企業の株価は急落したが、それだけではなかった。ベンチャー企業から「株の回収を依頼された」と主張する暴力団の男が逮捕されたのだ。

ベンチャー企業、新興市場、暴力団。そこに広がる闇の深さをあらためて思い知らされた。


取材の拠点となったプロジェクトルーム665。ブローカーの「予言」は、そこにあった「取材メモ」に記してあったものだ。

665には、スチール製の無骨な棚が2つ置いてあった。ここに、闇社会との関係が疑われる企業の有価証券報告書や株式の大量保有報告書、投資家向け情報などを綴じたファイルが二十数冊並んでいた。公表された、いわば「オモテ」の資料群である。

その棚には、常に鍵でロックされていた大きな引き出しがあった。そこに厳重に保管されていたのが「取材メモ」だ。取材班が足で稼いだ、いわば「ウラ」の資料で、枚数にしておよそ1000枚。ここに、暴力団や共生者たちの肉声が記録されている。

「私どもの存在が『必要悪』？　『悪』ではない。『必要』ですよ。社会全体で見れば、私どもはずいぶん貢献していますよ」

自信たっぷりにこう語ったのは、第二章で紹介した80億円の資金力を持つ暴力団組織の男だ。目の前には、ある企業に貸すという数千万円のカネが積まれていた。男は組織のカネを、投資や融資という形でベンチャー企業に入れ、上場益や利子で膨らませている。

ライブドア事件後、ベンチャー企業の資金集めは厳しさを増している。歴史が浅く実績もない企業に、銀行もノンバンクもカネを出さない。それでも、新たな上場企業が次々と誕生している。

「私どもがいるからこそ、これだけ上場企業がいっぱいあるわけですよ。上場企業が増えれば、景気も良くなっていくでしょう。いろんな産業も発展するでしょう。私どもがあるからこそ、日本の経済は潤っていくと。そこに裏も表もないですよ。私どもが日本経済を支えているという自負はありますよ」

こちらの目を見据えて、言い切る男。毎日10社程度が資金を求めて男を頼る。いまもヤクザマネーを手に、企業を飛び回っている。

「ブラックマネーという言われ方をしますけど、お札が黒いわけじゃありませんから、1億円は1億円なんですね。投資と利益の分配のルールは、暴力団であろうとなかろうと、ルールに基づいて分配していきます」

第四章で紹介した、暴力団のカネを海外ファンドで運用する「共生者」の元証券マンは、ビジネスライクに、暴力団＝投資家という持論を展開した。スマートにスーツを着こなし、「後ろめたさは感じないのか」といったこちらの質問に感情的になることもなく、常に丁寧に受け答えをした。「この人が……」と、かえって大きな衝撃を受けたことを覚えている。

元証券マンを取材したときはちょうど、「金融商品取引法」が施行されたばかりだった。この法律によって、ブラックマネーの隠れ蓑になってきた投資ファンドは、金融庁などの監督対象となった。証券業界、警察、金融庁が連携して、反社会的勢力の排除に乗り出す「証券保安連絡会」も立ち上がっている。包囲網は狭まってきているのではないか。

しかし元証券マンは、冷静に分析した。

「確かに、企業に流入するカネの種類を問うような動きが最近強まっていると思います。金融庁、証券取引等監視委員会、証券取引所などがですね、企業に対して『どんなカネなのか、いろいろなエビデンス（証拠）を出して証明してください』と求めて、チェックするという風潮が最近高まっています。しかしその結果、正確にどういった種類のカネなのか分かるかというと、実態としてはほとんどが分からないだろうと思います。そもそも投資家とい

愛読者カード

今後の出版企画の参考にいたしたく存じます。ご記入のうえご投函くださいますようお願いいたします（平成21年11月９日までは切手不要です）。

お買い上げいただいた書籍の題名

a　ご住所　〒□□□-□□□□

b　お名前《ふりがな》

c　年齢（　　　）歳

d　性別　1 男性　2 女性

e　ご職業　1 大学生　2 短大生　3 高校生　4 中学生　5 各種学校生徒　6 教職員　7 公務員　8 会社員（事務系）　9 会社員（技術系）　10会社役員　11研究職　12自由業　13サービス業　14商工業　15自営業　16農林漁業　17主婦　18家事手伝い　19フリーター　20その他（　　　）

f　本書をどこでお知りになりましたか。
1 新聞広告　2 雑誌広告　3 新聞記事　4 雑誌記事　5 テレビ・ラジオ　6 書店で見て　7 人にすすめられて
8 その他（　　　）

g　定期的にご購読中の雑誌があればお書きください。

h　最近おもしろかった本の書名をお教えください。

i　小社発行の月刊ＰＲ誌「本」（年間購読料900円）について
1 定期購読中　2 定期購読を申し込む　3 申し込まない

郵便はがき

料金受取人払郵便

小石川局承認

1543

差出有効期間
平成21年11月
9日まで

112-8731

東京都文京区音羽二丁目
十二番二十一号

講談社
学芸図書出版部　行

★この本についてお気づきの点、ご感想などをお教え下さい。
(このハガキに記述していただく内容には、住所、氏名、年齢などの個人情報が含まれています。個人情報保護の観点から、ハガキは通常当出版部内のみで読ませていただきますが、この本の著者に回送することを許諾される場合は下記「許諾する」の欄を丸で囲んで下さい。

このハガキを著者に回送することを　許諾する　・　許諾しない　)

うのは、自分の名前を秘匿して投資をしたいというのが普通なんですね。海外ファンドを絡めれば、カネの出所を突き止めるのは難しいでしょうね。きわめて」

いくつもの海外ファンドを介在させることで、暴力団の姿を隠すノウハウを積み上げてきた元証券マン。当局の監視強化は、織り込み済みで活動している。

「株価は上げられるものであり、下げられるものであり、日本はまだインサイダー市場であることは間違いありません。何事もやりすぎないことだと思います」

番組放送後、取材中に何度も名前を聞いた「仕手筋」や「金融ブローカー」が、株価操縦や脱税の疑いで次々と逮捕された。警察が「共生者」とみなす人たちであり、監視強化の成果なのかもしれない。しかし、摘発が暴力団にまで及んだケースは、いまのところほとんどない。

ヤクザマネーが上場企業に流入し、新興市場で膨張しながら闇へと消えていく。公平性、公正性が求められる証券市場で、一般投資家がカネを巻き上げられていることにほかならない。このことを端的に語ったのは、3億円の資金をデイトレードで運用する暴力団幹部だった。

「儲けられるのは、（暴力団）組織であったり、仕手グループであったりね。一般投資家は被害者かも分からないですよね。踊らされているだけかも分からないですよね」

「貯蓄から投資へ」――国が大きく舵を切った方向へついていけば、そこには必ず「巨万の富」がある。度重なる規制緩和は幹部の目には、「グレーの人種」が入り込む格好の「隙間」にうつった。「シノギ」の舞台を証券市場へと転換した幹部の読みは的中し、デイトレードだけで月に数千万円の利益を得ているという。

暴力団、その資金獲得に力を貸す元証券マンら「共生者」、闇の資金と知りながら手を出すベンチャー企業の経営者。一見別々の世界に住むように見える彼らをつなぐもの、それは「欲」である。そして、彼らが利用しているのもまた、世の中に満ち溢れた「欲」である。

インターネットや携帯電話による株取引が可能になり、いつでもどこでも「カネ」を追い求められる時代。書店には「儲かる」「稼げる」と投資を煽る本が並び、有名投資家のセミナーには申し込みが殺到している。幹部は言う。

「日本人全体の考え方がね、現実主義というか、カネにものすごい執着しているというか、カネがすべてだと。カネオンリーの方向に日本人全体が向いているのではないかなと。裏の社会もそうですよ」

この番組を通じて、何を訴えるのか――私たちはプロジェクトルーム６６５で、幾度となく議論を繰り返してきた。その答えは、10ヵ月以上に及んだ暴力団の資金獲得現場の取材から、浮かび上がってきた。

闇の資金は、経済の中枢を侵蝕し、すでに抜き差しならないところにまで来ている。

それを許したのは、新興市場とベンチャー企業育成の名のもと、十分な検証も修正も行わないままに推し進められてきた国の規制緩和政策。そして、マネーゲームに踊る経営者や投資家をもてはやし、カネこそすべてと言わんばかりの「拝金主義」に毒されてしまった私たちの社会ではないだろうか。

膨張するヤクザマネーは、日本という国のひとつの姿を、映し出しているのだ。

おわりに

「次は、ヤクザの番組をやらないか――」

社会部デスクの中嶋太一からそう持ちかけられたのは、平成18年の暮れのことだった。当時、私は中嶋とともに、NHKスペシャル『ワーキングプアⅡ』（平成18年12月放送）の制作に当たっていた。

「ワーキングプア（＝働く貧困層）」とは、働いていても生活保護水準以下の収入しか得られない人たちのことで、私たちが最初の番組『ワーキングプアⅠ』（平成18年7月放送）でその深刻な実態を告発してから、大きな社会問題となっていた。

「ヤクザ」と「ワーキングプア」。

まったく関係がないように見える2つのテーマが、取材を進めるうちに、実はその根底で密接につながっていることを、強く意識するようになった。

「戦後最長の好景気」といわれる日本で、毎日汗水たらして働いても「食べていくのがやっと」というワーキングプアの人たちが急増している現実。多くの人が「景気回復」を実感できないなかで、社会が生み出した巨万の富はいったいどこへ消えてしまっているのか。

その恩恵にあずかっているのは、一部の富裕層や大企業、さらに時代の寵児となったIT長者たち……。そしてもうひとつ忘れてはならないのが「ヤクザ」だ。

「ヤクザ」と「ワーキングプア」は、「格差社会」が進行する日本の、いわば「両極」にある。

「見えない貧困」が社会に広がる一方で、「見えない闇勢力」とその取り巻きが、「規制緩和」と「景気回復」の甘い蜜を吸い取っているのだ。

しかしどのメディアも、その核心には迫りきれずにいた。

実は私もそのひとりだった。

NHKスペシャル『ヤクザマネー』の制作に取りかかる1年前、私は同じNHKスペシャル『ホリエモン～虚飾の膨張～』（平成18年3月放送）という番組を制作した。

番組では「ライブドア事件」の詳細と、その背景にある堀江貴文元社長の〝膨張経営〟の実態を追った。

そのなかで、自社株の「時価総額」を上げ続けるためライブドアが駆使したさまざまな手口や、海外のファンドを使った複雑な資金環流の仕組みまでは、ある程度解明できた。

しかし、株価を支える巨額の資金はどこから出ていたのか。さらに暴騰した株によってもたらされた莫大な利益は、ライブドアや堀江元社長以外のいったい誰が手にしたのか。

そこから先は厚いベールに包まれ、捜査当局の手も届かなかった。

それが今回は、新興市場やベンチャー企業に流入する「ヤクザマネー」の実態に迫ろうというのだ。それだけでなく、「ヤクザマネー」に群がる企業や「共生者」までもが取材の対象となった。いずれも事件にすらなっていない事案ばかりだ。

「本当に取材できるのか」

「仮に取材できたからといって、そのまま放送できるのか」

プロジェクトルーム665では、連日、堂々巡りの議論が繰り返された。

『ヤクザマネー』の取材のコアチームは、6人の記者と1人のディレクター、それに1人のカメラマンの計8人。そのなかには、私と中嶋と一緒に『ワーキングプア』を担当した記者とディレクターも含まれていた。

「働いても働いても豊かになれない……」「どんなに頑張っても報われない……」そうしたワーキングプアの人たちの切実な思いを胸に、取材陣は「暴力団」という難攻不落の取材対象に、自らの問題意識をぶつけながら立ち向かった。

それでも、取材は困難をきわめた。

関係者の取材から、暴力団のかかわりが分かってきても、肝心の「本丸」にはなかなか辿り着けない。仮に暴力団まで辿り着けたとしても、情報をくれた関係者や我々取材陣にも「命の危険」が及ぶため、慎重にならざるを得ない局面も多々あった。取材陣は、みなそれぞれに家族がいる。実際、番組の取材中に、はじめての娘が生まれたスタッフもいた。「身の安全」と「社会正義」のはざまで、スタッフ一人ひとりがおよそ1年にわたって格闘を続けながら、「見えないヤクザ」の実相に迫っていった。

その詳細は本書に記したとおりだが、いくつか紹介しきれなかった取材もある。

ある記者は、抗争事件の渦中にある暴力団の大物幹部に接触し、証券市場や金融市場を使った新たな「錬金術」の詳細を聞き出した。「あくまでも合法的な経済活動だ」と言い張る幹部に、最後までギリギリのインタビュー交渉を続けたが、残念ながら実現できなかった。それでも幹部から得た生々しい情報は、ほかの取材を進めるうえでの大きな指針となった。

別の記者は、ある暴力団幹部から、上部組織から送られてきた「通達文」や「破門状」の数々を入手。いまやそのほとんどが、携帯メールを使ってやりとりされている。「通達文」では、マスコミはもちろん、外部との接触を極力絶つよう指示されていた。そこからは、より社会の深層に巣くうようになったヤクザの不気味な一端が垣間見えた。

そして最近は、頻繁に出されるようになったという「破門状」。「シノギ」を上納できなくなり破門になる末端の組員が続出し、経済的な「格差」がヤクザの世界にも広がっていることを裏付けるものだった。

さらに全国各地の取材やロケの際には、ＮＨＫの各地方局に所属する記者の力も大きな支えとなった。

こうした地道な取材の積み重ねが、『ヤクザマネー』という番組を、より骨太で分厚いものにしてくれたと思っている。

いま、アメリカのサブプライムローン問題が日本にも波及し、株価の低迷が続いている。しかし、こうしたなかでも「ヤクザマネー」は確実に膨張を続けている。

真面目に働いても貧困から抜け出せない人たちがたくさんいるのに、不正な資金を元手に濡れ手で粟の暴利を貪っている暴力団を放置していて許されるはずがない。

モラルなきマネーゲームの果てに待っているのは、経済や社会基盤の崩壊でしかない。

今回、取材陣が現場からはじめて告発した様々な問題提起がきっかけとなり、この国が、社会が、健全な姿を取り戻す方向に少しでも動きはじめることを切に願っている。

最後に、本書が出版までこぎ着けることができたのは、日常業務に追われながらギリギリのスケジュールで執筆にあたった取材陣を、温かく見守りながら叱咤激励してくれた、講談社学芸図書出版部の浅川継人氏と小沢一郎氏のご努力に負うところが本当に大きかった。この場を借りて、心から感謝の念を記したい。

平成20年5月

春原《すのはら》雄策（報道局社会番組部チーフ・プロデューサー）

ヤクザマネー

2008年６月26日　第一刷発行

著　者——ＮＨＫ《えぬえいちけい》「ヤクザマネー」取材班《しゆざいはん》

発行者——野間佐和子
発行所——株式会社講談社
東京都文京区音羽2-12-21　郵便番号112-8001
電話　東京　03-5395-3522（出版部）
03-5395-3622（販売部）
03-5395-3615（業務部）
印刷所——慶昌堂印刷株式会社
製本所——株式会社若林製本工場

ISBN978-4-06-214778-1　N. D. C. 368.5　246p　20cm